Irene Lauretti

# Deine 26 Energieschlösser entschlüsselt durch die Großen Arkana des Tarot

Irene Lauretti

# DEINE 26 ENERGIESCHLÖSSER

## ENTSCHLÜSSELT DURCH DIE GROẞEN ARKANA DES TAROT

Wegweiser
zu Gesundheit,
Glück und Erfüllung

SILBERSCHNUR VERLAG

ISBN: 978-3-89845-513-8

1. Auflage 2016 2. Auflage 2020 3. Auflage 2024

Fotos: Simone Fischer-Trefzer Photography
Grafiken: Christiane Hahn
Gestaltung & Satz: XPresentation, Güllesheim
Umschlaggestaltung: XPresentation, Güllesheim
Druck: Finidr, s.r.o. Cesky Tesin

Verlag »Die Silberschnur« GmbH · Steinstr. 1 · 56593 Güllesheim
www.silberschnur.de · E-Mail: info@silberschnur.de

*Ich widme dieses Buch der*
*HOHEPRIESTERIN,*
*für ihre wundervolle Führung und*
*WEISHEIT!*

# Inhaltsverzeichnis

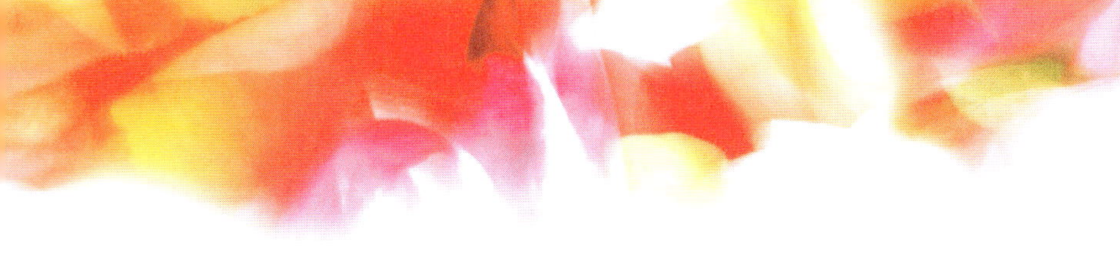

# Zahl, Schwingung, LEBEN!

»Zahlen sind geheimnisvolle Wesen.
Zahlen bergen die Grundprinzipien
der Schöpfung in sich.«

Pythagoras (580–497/96)

ZAHL ist Schwingung und Schwingung ist LEBEN, d. h. alles Leben ist ZAHL!

Zahlen sind unsere täglichen Lebensbegleiter. Sie bestimmen und regeln unser alltägliches Leben ebenso wie unseren gesamten Lebensweg. Je nachdem, wann, zu was für einem Datum und zu welcher Uhrzeit wir geboren sind, erwartet uns ein anderer Lebensweg als zu einer anderen »Zahl«, einem anderen Datum, einer anderen Uhrzeit.

Wir selbst SIND Zahl, DU bist ZAHL bzw. bist das Produkt der Zahlen = Schwingungen Deines Lebens.

Zahlen zu erkennen bedeutet, sich SELBST zu erkennen, denn die Zahlen sind WEG-Weiser sowohl zum unbewussten als auch zum bewussten SELBST!

Zahlen, mit anderen Worten, wollen Dir etwas mitteilen, wollen erkannt und *bewusst* genutzt werden – genutzt werden für **Heilung**, **Gesundheit** und Realisierung des **Lebenspotentials** – und genau dies ist das Thema der **26 Energieschlösser** und damit dieses Buches.

Die 26 Energieschlösser sind Körperpunkte bzw. -bereiche von jeweils etwa 7 cm. Sie sind paarweise angeordnet, d. h. wir haben von jedem Energieschloss (ES) jeweils ein linkes und ein rechtes, und sie liegen verteilt über die Körpervorder- und -rückseite.

Jedes Energieschloss hat, entspricht bzw. »ist« eine bestimmte Zahl, eine bestimmte Schwingung, Botschaft, Wirkung und Bedeutung. Wir können die Energieschlösser einzeln nutzen, indem wir die Finger bzw. Hände sanft für einige Minuten auf das Energieschloss auflegen und es somit »öffnen« bzw. »strömen«[1], um damit gezielt die emotionale und/oder körperlich-heilsame Wirkung des Energieschlosses zu erfahren; wir können sie jedoch auch in Kombination nutzen, so dass wir mit einer Hand ein Energieschloss berühren und mit der anderen Hand (den Fingern) ein anderes, um damit eine ganz bestimmte Heilwirkung zu erzielen.

Und – wir können die Energieschlösser in Kombination von mehreren »Strömschritten« auch als gesamte Strömsequenz nutzen, um damit bestimmte Energieströme zu aktivieren bzw. um die Seelentore[2] entlang des Lebensstroms[3] zu öffnen.

In diesem Buch wollen wir uns auf die Bedeutung der Energieschlösser im Einzelnen konzentrieren, d. h. wir wollen jedes der 26 Energieschlösser von verschiedenen Aspekten aus betrachten

---

[1] *Im Energieheilen sprechen wir vom »Strömen«, da unser Ziel grundsätzlich die Anregung des Strömflusses ist!*

[2] *Die Seelentore sind jeweils einem Organstrom zugeordnet und liegen entlang des Lebensstroms des Menschen. Der Lebensstrom ist der wichtigste Energiestrom des Menschen. Die genaue Beschreibung zu den Seelentoren und dem Lebensstrom ebenso wie die Strömsequenzen zur Aktivierung der 12 Organströme bzw. Öffnung der 12 Seelentore beschreibt die Autorin ausführlich in ihrem Buch »Der Mond und der kosmische Code der Schöpfung«, ISBN 9783000433122.*

[3] *Siehe Fußnote 2.*

und sehen, wie wir es für unser **Leben**, unsere **Gesundheit** und unser **Wohlbefinden** gezielt nutzen können.

Als solches kannst – und sollst! – Du dieses Buch nicht nur als Wegweiser zu den Energieschlössern, sondern vor allem auch als Wegweiser zu den bewussten und (noch) unbewussten Seiten Deines Lebens nutzen, um damit Dich SELBST bzw. körperliche und emotionale Symptome durch die Energieschlösser als WEG-WEISER zu erkennen und zu NUTZEN!

# Die Energieschlösser als Ganzheit – Einführung ins Energieheilen

Abbildung 1 (s. S. 254–255) zeigt Dir die 26 Energieschlösser des Menschen. Die Zahl 26 ergibt in ihrer Quersumme (2+6) die **8**, welche die Verbindung von Himmel und Erde darstellt. »Wie oben so« unten besagt ein altes hermetisches Gesetz, welches aufs tägliche Leben übersetzt bedeutet: Wenn die Energie ungehindert aus der Quelle in die Manifestation fließen kann, wenn sie ohne Blockaden von oben (vom Kopf) nach unten (zu den Füßen) strömt, wenn die Körpervorder- und die Körperrückseite im Einklang miteinander sind, dann ist der MENSCH GESUND, dann fühlen wir uns wohl, dann sind wir im wahrsten Sinne des Wortes »in unserem Saft« und fühlen uns als »könnten wir Bäume ausreißen«.

Treten entlang dieses natürlichen Energieflusses hingegen Blockaden auf, beginnt die Energie zu stauen mit dem Resultat, dass wir z. B. »grundlose« Ängste haben, traurig oder wütend sind, oder – wenn die Blockade(n) über einen längeren Zeitraum anhalten und zu mehr Blockaden führen – körperliche Symptome bis hin zu schweren Krankheiten »auf-treten«. Körperliche Symptome (»Krankheiten«) sind IMMER das Resultat von energetischen Stauungen »dahinter«. So wie der Körper des Menschen das Produkt sich miteinander verwebender Energieströme ist[4], so hat auch jede »Krankheit« ihren

[4] *... der 12 Organströme, wie beschrieben in dem Buch »Der Mond und der kosmische Code der Schöpfung« von Irene Lauretti.*

Ursprung in der Energie – oder genauer gesagt – in der Aneinanderreihung und Verkettung von Stauungszuständen und Blockaden innerhalb des Energieflusses. HEILUNG bedeutet daher grundsätzlich das Auf-LÖSEN energetischer Blockaden, und genau dafür sind unsere 26 Energieschlösser unsere wichtigsten Helfer und Freunde.

Der natürliche und ursprüngliche Energiefluss des Menschen[5] führt die Körpervorderseite hinunter und die Körperrückseite hinauf. Als solches unterstützen sämtliche Energieschlösser auf der VORDERSEITE des Menschen (inklusive den beiden Energieschlössern auf der Innenseite des Fußes, ES 5 und 6) den Energiestrom nach UNTEN, während sämtliche Energieschlösser des Menschen auf der KÖRPERRÜCKSEITE (inklusive den Energieschlössern 7, 16 und 24 am Fuß) den Energiestrom nach OBEN unterstützen.

Das Wissen um diesen ewigen Fluss des AUF und AB, des EINatmens und AUSatmens ist die Essenz des Energieheilens, ja allen Lebens an sich! Wann immer wir ein »Problem« haben, sei es körperlicher oder psychisch-emotionaler Natur, liegt die »Wurzel« des Problems entweder im körper-AUF- oder körper-ABsteigenden Energiefluss.

Und – so wie ein Stau in einem Fluss das Wasser nicht weiterströmen lässt und es sogar »rückwärts« fließen lassen kann, führt ein Stau z. B. im Körper-AUF-wärtsströmen den Rücken hinauf dazu, dass die Energie auch die Körpervorderseite nicht hinABströmen kann bzw. dass die Energie eventuell sogar »rückwärts«

[5] *Gemeint ist der Fluss des Lebensstroms, der persönlichen Quelle des Menschen. Der Lebensstrom ist der »Ur-Strom« des Menschen, aus dem heraus die 12 Organströme = Werkzeuge des Menschen zur Erschaffung der Realität entstehen (siehe Fußnote 2).*

strömt und so körperliche Probleme, wie z. B. geschwollene Beine und Füße oder Rückenschmerzen hervorrufen kann.

Wann immer wir uns also ein Energieschloss auf der Körpervorderseite »strömen« bzw. »öffnen«, können wir uns neben der eigentlichen Bedeutung des Energieschlosses auch mental vorstellen, wie wir den AB-wärtsfluss der Energie ankurbeln, und somit natürlich auch der Energie erlauben, den Rücken wieder AUF-zusteigen!

Ein weiterer Aspekt der ganzheitlichen Betrachtungsweise der Energieschlösser – und des Menschen an sich! – ist die Drei-Einheit von Gedanken, Worten und Taten. Die Ebene der **Gedanken** ist die Brustebene mit ihren dort liegenden Energieschlössern, vor allem ES 10 und **13**. Wenn wir Energieschloss 13 sanft berühren bzw. strömen (= öffnen), erhalten wir einen direkten Zugang zur Ebene der GeDANKen, und werden im wahrsten Sinne des Wortes DANKbar für das, was IST. Wir beginnen uns (wieder) zu akzeptieren und anzunehmen, und dieses Annehmen bzw. diese SELBST-Liebe ist IMMER der erste Schritt zur Heilung. Heilung beginnt IMMER auf der feinstofflichsten Ebene, und innerhalb der Drei-Einheit von Gedanken-Worten-Taten ist dies die Ebene der Gedanken!

Die nächste Stufe der Manifestation ist die Ebene der **Worte**. Sobald wir etwas verbal formulieren, »ziehen« wir es bereits in die Manifestation. Der erste Schritt ist getan, was zeigt, dass wir unsere Worte grundsätzlich mit Bedacht wählen sollten. Ist etwas erst einmal verbal formuliert, ist der Energiestrom zur Ver-Wirk-lich-ung bereits in die Wege geleitet, »arbeitet« der Strom der Erfüllung. Die Hauptenergieschlösser auf dieser Ebene sind ES **14**, 19 und 23. Energieschloss 14 ist bei den allermeisten Menschen fast immer leicht blockiert. Energieschloss 14 speichert sozusagen die »Sünden unseres Lebens«, all die kleinen und großen Worte, die wir später eventuell bereu(t)en, die jedoch dennoch immer energetische

»Schleifen« nach sich ziehen und sich in den Zellen der Organe speichern, die sich auf dieser Ebene befinden, also vor allem Leber (rechtes Energieschloss 14) und Milz (linkes Energieschloss 14).

Der Ebene der Worte folgt die Ebene der **Taten** auf der Hüftebene. In diesem Bereich befinden sich z. B. die Energieschlösser 2, 15, 17 und 18, wobei vor allem Energieschloss **15** den Bereich der Taten repräsentiert.

Energieschloss 15 befindet sich an der Leiste und damit vor allem auch im Bereich der Geschlechtsorgane, die ja der deutlichste Aspekt der Erschaffung bzw. Ver-Körper-lich-ung sind. Hier beginnt neues Leben, hier liegt nicht nur die körperlich-sinnliche, sondern auch die kreative Quelle des Menschen.

Die Energie manifestiert sich also aus den **Gedanken** (ES 13) über die **Worte** (ES 14) in die **Taten** (ES 15). Sie strömt vom Kopf (Himmel) vorne körper-AB-wärts, um dann, die Wirbelsäule hinaufströmend, einen neuen Kreislauf zu beginnen.

Die Reihenfolge bzw. Nummerierung der 26 Energieschlösser folgt dem natürlichen Energiefluss sich verwebender Kräfte, d. h. die Nummerierung entsteht, indem die Energie sich aus dem ursprünglichen, vertikalen Fluss von rechts nach links kreuzt, um die beiden Körperhälften miteinander zu verbinden, bzw. um die Vergangenheit mit der Zukunft zu verbinden und die beiden Pole weiblich, männlich, »positiv« und »negativ« entstehen zu lassen.

Betrachten wir die 26 Energieschlösser von diesem Aspekt aus, beginnt unsere Energiespirale also mit **ES 1** an der Innenseite der Knie und strömt über ES 2 an der Hüfte, ES 3 am inneren, oberen Ende des Schulterblattes zu ES 4 am Hinterkopf, um dann wieder ans andere Ende des Körpers zu strömen, zu den Energieschlössern am Fuß: ES 5, 6 und Energieschloss 7 am großen Zeh, von wo aus es wieder aufwärts geht zu Energieschloss 8 an der Außenseite des Knies usw.

Das Wissen um diesen ewigen Fluss des Auf und Ab ist schon von daher interessant, als es uns bei der Wahl der »richtigen« Energieschlösser für bestimmte Symptome helfen kann. Nehmen wir als Beispiel starke Kopfschmerzen. Kopfschmerzen weisen auf eine Stauung im Kopf hin. Unser Ziel ist also, diese Stauung zu beseitigen, indem wir den Energiestrom nach unten (zu den Füßen hin) anregen. Eine Möglichkeit dies zu tun ist das einfache Halten bzw. »Strömen« von Energieschloss 7 am großen Zeh. Energieschloss 7 »zieht« die Energie nach unten zu den Füßen und wird daher nicht nur zur Akutbehandlung von Kopfschmerzen oder auch epileptischen Anfällen angewandt, sondern es wird auch gerne am Schluss einer Behandlung geströmt, da es die Energie, wie gesagt, von oben nach unten »zieht« und sie erdet!

Als ein anderes Beispiel können wir ständiges Frieren nehmen. Wenn die Energie nicht AUF-steigen kann, beginnen wir zu frieren. Unser Ziel ist also, der Energie zu helfen, den Rücken wieder AUF-zusteigen. Hier ist z. B. Energieschloss 2 auf der Hüfte äußerst wirksam. Indem wir die Hände sanft auf Energieschloss 2 auf den Hüften legen (Schwangere machen dies oft intuitiv, da gerade bei Schwangeren die Energie oft in den Beinen staut und nicht aufsteigen kann), ermöglichen wir der Energie, der »Lebenskraft« (Bedeutung von Energieschloss 2!), den Rücken wieder AUF-zusteigen und die Glieder zu wärmen.

Diese Beispiele verdeutlichen die ganzheitliche Sicht der Energieschlösser, die wichtig ist, um sie individuell zu verstehen. So wie auch sämtliche Organe und Körperfunktionen miteinander arbeiten und sich unterstützen, so sind auch die 26 Energieschlösser aufeinander angewiesen und »benötigen« einander. Die Zahlen bzw. Schwingungen gehen auseinander hervor, der Funke spiralisiert sich durch die unterschiedlichen Schwingungen, es ist ein steter Fluss von Energie.

Unser ZIEL ist grundsätzlich der freie FLUSS der LEBENS-ENERGIE ...

Der freie Fluss des Lebensstroms durch den harmonischen Fluss der 12 Organströme durch die frei schwingenden Energieschlösser des Menschen!

Nach einer kurzen Einführung in die Welt des Tarot, werden wir mit den folgenden Kapiteln also jedes Energieschloss im Einzelnen kennenlernen; werden die symbolischen Bedeutungen und die geistigen und körperlichen Wirkungen entdecken, um schlussendlich zu erkennen, dass ALLes, also auch wir SELBST, ZAHL = SCHWINGUNG IST!

# Die Großen Arkana des Tarot und die Energieschlösser

Warum ich in einem Buch über die Energieschlösser auch auf die Großen Arkana des Tarot eingehe?

Nun, ganz einfach: Die Welt des Tarot lebt durch die Zahlen der Tarot-Karten bzw. -Bilder. Die Zahlen bzw. deren Schwingungen sind es, die den Tarot-Karten ihre Bedeutungen geben. Als solches sind die Energieschlösser direkt mit den Tarot-Karten, den Bildern der Seele, verbunden.

Tatsächlich leiten sich die Bedeutungen der Energieschlösser von den Großen Arkana-Karten (Lat. Arkanum = Geheimnis) des Tarot ab und umgekehrt, denn in der Welt der Schwingung gibt es weder Anfang noch Ende bzw. durch die Schwingungen ist alles miteinander verbunden, verwebt ... und erklärbar!

Zahlen haben bestimmte Bedeutungen, und ob wir diese Bedeutungen nun über die Zahlen, die uns im täglichen Leben begegnen, über die Energieschlösser oder über die Welt des Tarot entdecken und erleben führt uns schlussendlich immer wieder zum selben Ziel: zu uns Selbst!

Die Tarot-Karten sind Bilder der SEELE. Wenn wir uns ein Kartenbild bestehend aus mehreren Tarot-Karten legen lassen, erzählen uns die Bilder »unsere aktuelle Geschichte«. Sie sind sozusagen ein bildlicher Einblick in unseren aktuellen energetischen Seins-Zustand.

Tarot-Karten bzw. die Großen Arkana sind also keine »fantastischen Erfindungen«, sondern vielmehr der Spiegel unseres Selbst.

Bei mir persönlich war es sogar so, dass ich, lange bevor ich begann, mich mit Tarot zu beschäftigen, bereits »durch die Bilder des Tarot« träumte. Im Traum sah ich mich zum Beispiel auf einem Wagen ähnlich dem Siegeswagen der großen Arkana-Karte VII (Der Wagen) mit meiner kleinen Tochter im Wagen und einer Siegesfahne in der Hand den Wagen lenken, wobei der Wagen durch eine Art »Geisterbahn« mit schrecklichen Wesen fuhr, die sich jedoch wegdrehten, als ich sie passierte.

Der Traum erschien mir vor dem Beginn der wohl schlimmsten und schwierigsten Zeit in meinem Leben, doch ich wusste bereits während des Traumes (bzw. *durch* den Traum), dass ich – komme was wolle – »siegreich« hervorgehen würde, und genau so war es nach vielen Jahren schwierigster Prüfungen und Herausforderungen dann auch.

Die große Arkana-Karte VII (Der Wagen) hat genau die Bedeutung, die ich in den auf den Traum folgenden Jahren erfuhr: **Sieg** über bzw. trotz schwierigster Umstände.

Dieses Beispiel zeigt, wie wir selbst das Wissen um die Arkana, das Wissen um die Zahlen und die Schwingungen, ja das Wissen um die Geheimnisse des Lebens in uns haben. Jeder hat es, aber nicht alle erkennen bzw. *wollen* es (gleich) erkennen.

Tarot stammt aus einer Zeit, in der die Menschen ihre Intuition noch bewusst lebten und die Zeichen ihrer Seele zu deuten verstanden.

Im alten Ägypten beispielsweise stellten die Großen Arkana den Einweihungsweg des Menschen dar. Jede Karte, jedes Bild, war eine bestimmte Aufgabe, eine »Ein-Weihung« durch das »Buch der Weisheit«, als welches die Großen Arkana auch bekannt waren.

Im Tarot gibt es 78 Karten. Das Herzstück im Tarot sind die 22 großen Arkana-Karten, die Großen Arkana. Das Wort Arkana stammt aus dem lateinischen Wort *arcanum,* welches *Geheimnis* bedeutet. Die 22 Großen Arkana-Karten beinhalten in symbolischer Form das gesammelte Wissen der alten Magier.

In diesem Buch werden wir uns mit den Großen Arkana befassen bzw. diese zur Erläuterung und zum Verstehen bzw. *entschlüsseln* der 26 Energieschlösser nutzen, denn die Energieschlösser des Menschen – wie Du in diesem Buch selbst entdecken wirst – leiten sich ab von den Bedeutungen der großen Arkana-Karten bzw. *entsprechen* diesen sogar in ihren Bedeutungen!

Wenn wir zum Beispiel im Bereich eines Energieschlosses ein Problem – wie z. B. Schmerzen – haben, kann uns das Wissen um die entsprechende große Arkana-Karte oftmals einen entscheidenden Hinweis auf emotional-psychische Blockaden in unserem Leben geben, durch welche das körperliche Problem entstand bzw. sich manifestieren konnte.

Nehmen wir als Beispiel Energieschloss 1 an der Innenseite des Knies. Es entspricht der Großen Arkana I, dem Magier (siehe Bild Seite 23). Der Magier steht hinter einem Tisch, auf dem die Sinnbilder der 4 Elemente liegen, nämlich das Pentagramm (Element Erde), der Kelch (Element Wasser), das Schwert (Element Luft) sowie der Stab (Element Feuer). Die 4 Elemente auf dem Tisch (dem irdischen Leben) symbolisieren das Potential, welches es zu erfüllen gibt. Es liegt ausgebreitet vor dem Magier (der fragenden Person), es gilt jedoch, es zu *er-füllen*, es zu *entfalten*! Der Stab in der rechten Hand des Magiers (rechts symbolisiert die Zukunft) steht für die Verbindung zwischen Himmel und Erde, das Manifestieren des Himmels (des Potentials) auf Erden, die **Bewegung**, das **Vorwärtsgehen!** ...

Somit haben Probleme im Bereich des Knies sehr oft mit Ängsten vor der Zukunft, vor dem Vorwärtsgehen, zu tun. Die Seele »will« den Schritt tun, aber das Ego weigert sich sozusagen noch durch den Körper, diesen Schritt auch wirklich zu vollziehen. Indem wir Energieschloss 1 *öffnen*, lösen wir diese Blockaden, so dass auch die physischen Kniebeschwerden sich lösen können. Sie haben dann keine energetische »Grundlage« mehr, sind sozusagen »unnötig« geworden.

Dieses Beispiel zeigt, wie der physische Körper mit der feinstofflichen Ebene verbunden ist, ja, das eine aus dem anderen hervorgeht, denn: Wie ich in meinem Buch »Der Mond und der kosmische Code der Schöpfung« im Detail erläutere, geht das Körperliche grundsätzlich aus dem Geistigen hervor bzw. ist das Körperliche das *Produkt* der geistigen Ebene, der sich miteinander vermischenden Energieströme »dahinter«! ...

Die 26 Energieschlösser sind, ebenso wie die in meinem Buch »Der Mond und der kosmische Code der Schöpfung« beschriebenen 12 Tore der Seele, die »Tore« zwischen Himmel und Erde, zwischen Quelle und Manifestation. Die 26 Energieschlösser sind hierbei sozusagen die »Tore zu den 12 Toren der Seele«.

Mit den folgenden Kapiteln nun lade ich Dich ein, mit mir zusammen die 26 Energieschlösser nacheinander zu durchwandern und zu ent-decken ...

Wie Du sehen wirst, ist jedes Energieschloss eine »Welt für sich«, ein kleiner Mikrokosmos, ein Bereich Deines Selbst, Deiner SEELE ...

# Energieschloss 1
# Der URBEWEGER

Wenngleich der eigentliche Beginn bzw. der »Impuls« zum Beginn unserer Reise durch die Großen Arkana des Tarot die Karte O, Der Narr[6], ist, ist unser erstes Kapitel der Reise durch die 26 Energieschlösser Energieschloss 1.

Die 1 ist der große URBEWEGER, die Verbindung zwischen Himmel und Erde, Potential und Produkt.

Energieschloss 1 befindet sich an der Innenseite des Knies (siehe Abbildung), also an der Innenseite des linken und an der Innenseite des rechten Knies, denn wie wir bereits erfahren haben, sind die Energieschlösser ja immer paarweise auf der linken und rechten Körperseite angeordnet.

Im Tarot ist die große Arkana-Karte »**Der Magier**« (siehe Bild) die Entsprechung zu Energieschloss 1.

Es ist die Aufgabe des Magiers, die Verbindung herzustellen zwischen Himmel und Erde, den Himmel (Potential) auf Erden (Produkt) zu manifestieren.

Das den Magier umgebende goldgelbe Licht ist die noch »rohe«, feinstoffliche Energie, das ursprüngliche Licht, Dein Ur-Sprung. Die auf der Großen Arkana I im Vordergrund zu erkennenden Rosen

---

[6] *In einigen Kartendecks ist »Der Narr« die Große Arkana 22, und so habe auch ich sie Energieschloss 22 zugeordnet, siehe Kapitel »Energieschloss 22«, Seite 195.*

symbolisieren das Ziel, welches es zu erreichen gibt, denn die entfaltete Rose entspricht dem Fünfstern, welcher wiederum das Symbol des sich seiner Selbst *bewusst* gewordenen Menschen ist.

Zwischen dem Ziel (den Rosen) und dem goldgelben Licht (dem Ursprung und »Ausgangsort der Reise«) befinden sich (vom goldgelben Licht aus gesehen) der Magier und vor ihm ein Tisch, dem Symbol für das irdische Leben, auf welchem die Werkzeuge zur Erschaffung der Realität, der Entfaltung des Potentials, liegen: das Pentagramm (Symbol für das Element Erde), der Kelch (Symbol für das Element Wasser), das Schwert (Symbol für das Element Luft) sowie der Stab (Symbol für das Element Feuer).

Es ist die Aufgabe des Magiers, diese 4 Werkzeuge, die Elemente des Lebens, zu meistern und zu nutzen, denn wie ich in meinem Buch »Der Mond und der kosmische Code der Schöpfung« ausführlich erläutere, ist die Zahl 4 die Be-Ding-ung, um die Welt der »Dinge«, die Realität, *bewusst* aus der noch rohen Energie, der vor-stofflichen Ebene, zu erschaffen.

Die 4 Elemente des Zodiaks (Feuer, Erde, Luft und Wasser) repräsentieren sowohl den WEG (die Werkzeuge) als auch das ZIEL (die Erfüllung des irdischen Lebens, dargestellt durch den viereckigen Tisch, auf welchem die 4 Werkzeuge liegen) des Magiers, dessen linker Arm nach unten zur Erde (der Realität), und der rechte Arm zum Himmel zeigt. Der Magier selbst ist bzw. Du selbst bist die Verbindung zwischen Himmel und Erde, dargestellt auch durch das Zepter, welches der Magier in seiner rechten Hand hält.

Die 1 ist dieses Zepter, der »magische Zauberstab« sozusagen, welcher BEWEGUNG in die rohe, noch unvermischte Energie, hineinbringt, womit wir den Bogen schlagen zu Energieschloss 1, Deiner körperlichen Entsprechung zur Tarot-Karte I, der Magier.

Energieschloss 1 ermöglicht Dir, den entscheidenden Schritt nach vorne zu gehen.

Beobachte Dich einmal, wenn Du in einer Situation »feststeckst«. Oftmals ist es nämlich so, dass der Körper selbst uns die entscheidenden Hinweise auf die zu harmonisierenden Bereiche gibt. Als ich mich vor einigen Jahren in einer Situation befand, in der es galt, den entscheidenden Schritt nach vorne zu gehen – von dem ich jedoch noch zurückschreckte – zeigte mir dies meine SEELE durch wiederholtes Anstoßen an mein Knie. Ich stieß mehrere Tage lang heftig an mein Knie an, bis ich die »Aufforderung« endlich verstanden hatte und begann, mir Energieschloss 1 zu strömen, indem ich die Finger der rechten Hand sanft auf das linke Energieschloss 1 legte und mit den Fingern der linken Hand gleichzeitig das rechte Energieschloss 1 strömte (siehe Bild). Nachdem ich Energieschloss 1 über einen Zeitraum von etwa 3(!)[7] Wochen täglich einige Minuten strömte, löste sich die energetische Blockade und ermöglichte mir, mit Leichtigkeit und Selbstvertrauen den entscheidenden Schritt zu gehen.

Auf körperlicher Ebene ist Energieschloss 1 außerdem bekannt als »der Allgemeinmediziner«. Warum? Weil die Nummer 1 der Energieschlösser der Beginn und damit die Bedingung für sämtliche nachfolgenden Energieschlösser ist.

---

[7] *Innerhalb des kosmischen Codes der Schöpfung spielt die 3 eine herausragende Rolle, wie im Kapitel über Energieschloss 3 angesprochen wird und in dem Buch »Der Mond und der kosmische Code der Schöpfung« von Irene Lauretti ausführlich erläutert wird.*

**Durch das Strömen von Energieschloss 1 erreichst Du jede Körperfunktion und jeden Bereich Deines Körpers!**

Wann immer Du Dir »unsicher« bist, was bzw. welches Energieschloss Du für ein bestimmtes Symptom strömen sollst, ist Energieschloss 1 immer die »richtige Wahl«.

Es hilft die Energie von oben (vom Kopf) nach unten (zu den Füßen) zu ziehen und wirkt dadurch **stark erdend**. Als solches hilft es z. B. auch bei **Panikattacken**, bei **Atembeschwerden** (der Atem spielt eine große Rolle bei der Harmonisierung von Panik und Angst!) sowie bei **Verdauungsproblemen**, wie beispielsweise Blähungen, Völlegefühl oder Magen-Darm-Grippe. Energieschloss 1 wirkt oftmals Wunder bei Schluckauf und kann sogar lebensrettend sein, wie mir eine Bekannte erzählte. Eine Freundin dieser Bekannten hatte sich bei einem gemeinsamen Abendessen plötzlich verschluckt, die Nahrung war in die Luft- anstatt in die Speiseröhre geraten. Meine Bekannte ergriff geistesgegenwärtig die (Innenseiten der) Knie der Dame und presste kräftig auf Energieschloss 1, was der »Patientin« ermöglichte, die Nahrung wieder »auszuhusten« – eine lebensrettende Aktion!

Durch seine Beziehung zum **Element Erde**[8] vertreibt Energieschloss 1 außerdem die Sorgen und wirkt stark **Selbstbewusstseinsfördernd**.

---

[8] *Der Bezug zum Element Erde leitet sich ab durch die Verbindung der Zahl 1 zur 1. Tiefe (Seinsebene des Menschen). Aus der 1. Tiefe entspringen die beiden Organe Magen und Milz. 1. Tiefe ist dem Erdelement und der Farbe Gelb zugeordnet. Die ausführliche Info zu den Tiefen (Seins- bzw. Schwingungsebenen des Menschen) beschreibt Irene Lauretti in ihrem Buch »Der Mond und der kosmische Code der Schöpfung« sowie in dem jährlich neu erscheinenden Mondkalender »Gesundheit in deiner Hand«).*

Pferdehalter[9] nutzen Energieschloss 1 auf Grund der stark beruhigenden, erdenden sowie krampflösenden Wirkung übrigens gerne bei Kolikanfällen ihrer Lieblinge ...

Zusammenfassend können wir über Energieschloss 1 sagen, dass es sich sowohl als »Langzeit-Energieschloss« sehr gut eignet, da es – regelmäßig über einen längeren Zeitraum geströmt – das gesamte Leben »in Schwung bringt bzw. »in die richtige Richtung lenkt«, als auch ein wundervoller 1.(!)-Hilfe-Helfer ist für im Grunde **sämtliche Beschwerden** – und sei es auch nur durch die **stark beruhigende Wirkung**. Wenn erste Hilfe gebraucht wird, ist so gut wie immer auch Angst und Panik im Spiel – löst sich diese, ist dies immer der erste Schritt(!) zur Besserung!

Energieschloss **1a** ist ein Nebenpunkt von Energieschloss 1 und wirkt besonders harmonisierend auf **Milz** und **Bauchspeicheldrüse** sowie gegen **Blähungen**.

---

[9] *Die Energieschlösser können generell selbstverständlich auch bei Tieren mit großem Erfolg angewandt werden! Mittlerweile gibt es hierzu auch Spezialliteratur.*

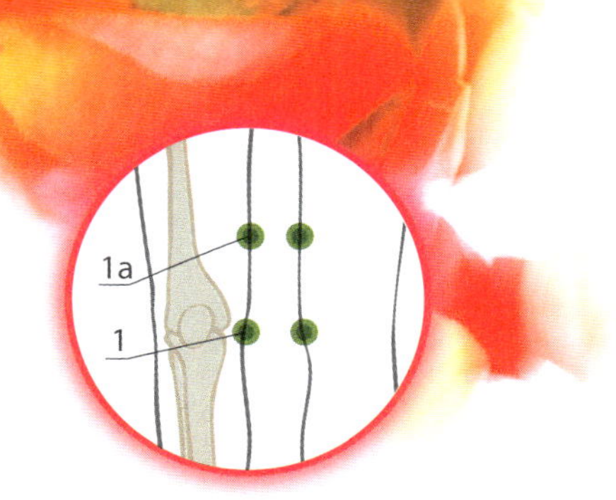


## Strömen von Energieschloss 1

Am einfachsten strömst Du Energieschloss 1 im Sitzen (siehe Foto Seite 28), indem Du das linke Energieschloss 1 mit den Fingern der rechten Hand mit sanftem Druck berührst, und gleichzeitig das rechte Energieschloss 1 mit den Fingern der linken Hand strömst. Verbleibe mindestens 5 Minuten in dieser Stellung. Ideal ist es jedoch, länger zu strömen, 20 Minuten. Energieschloss 1 wird oftmals sogar bis zu einer vollen Stunde am Stück geströmt! Es lohnt, dies einmal oder zwischendurch auszuprobieren, man kann förmlich spüren, wie sämtliche Körperfunktionen angeregt und aktiviert werden!

Als Alternative kannst Du Energieschloss 1 übrigens auch mit dem folgenden Energieschloss 2 zusammen strömen (das ist generell, auch bei den anderen Energieschlössern eine gute Idee, also einfach das folgende Energieschloss mitzuströmen, wie z. B. angegeben im Kapitel über Energieschloss 2, wo die Kombination mit Energieschloss 3 als Beispiel auf einem Foto gezeigt wird).

Ströme hierzu das rechte Energieschloss 1 mit den Fingern der linken Hand und das rechte Energieschloss 2 mit den Fingern der rechten Hand.

Energieschloss 1a wird ebenfalls am besten »überkreuzt« geströmt, indem Du die linke Hand auf die Innenseite des rechten Oberschenkels legst und gleichzeitig die rechte Hand auf die Innenseite des linken Oberschenkels (siehe Foto S. 29).

## Energieschloss 2

# WEISHEIT, LEBENSKRAFT

Aus der 1 entsteht die 2, die Energie strömt vom Knie körperaufwärts und hat als »nächste Station« Energieschloss 2 auf den Hüften.

»Weisheit« und »Lebenskraft« sind die Stichworte für dieses **wärmende Energieschloss**, dessen Harmonie essentiell ist, damit die Energie aufsteigen kann und der **Rücken** flexibel und gut durchblutet bleibt bzw. wird, denn wenn die Energie auf den Hüften blockiert, kann sie nicht zu Energieschloss 3, am inneren Rand des Schulterblattes, hinaufsteigen, womit natürlich auch der Energiefluss zum Gehirn (Weisheit) unterbrochen wird.

Menschen, die sich in ihrem Leben nach der numerologischen Bedeutung der Zahlen richten, betrachten die 2 oftmals als herausfordernde Energie. Ich erinnere mich noch gut an die Zeit, als ich in meine jetzige Wohnung einzog. Sie hatte damals noch gar keine Nummer, da sie vorher eine Ferienwohnung gewesen war. Ich fragte die Vermieterin, welche Nummer sie haben würde und hoffte sehr, dass es die 3 sein würde, denn die 3 wird auf Grund ihrer Bedeutung als Schöpfungs-Impuls-Zahl (siehe folgendes Kapitel) meist als ausgesprochene »Glücks-Zahl« angesehen und schließlich befindet sich die Wohnung im dritten Stock. Als die Vermieterin dann die 2 als Wohnungszahl nannte, betrachtete ich dies zunächst mit gemischten Gefühlen. Die 2 ist – im Gegensatz zur 1 = Einheit und 3 = Drei-Einheit die Zahl der **Dualität**, der **Polaritäten**, und je nachdem, wie harmonisch oder dis-harmonisch wir diese beiden Pole miteinander verbinden, können wir hier die Polaritäten als Tore zur höheren Ebene nutzen, oder aber es bilden sich Spannungen.

Die HOHEPRIESTERIN

Die 2 ist in gewisser Hinsicht selbst ein Tor – das aus zwei Säulen (II) bestehende Tor zur 3, zur Vereinigung der 3 Ebenen der Seele, der Drei-Einheit. Nutzt Du dieses Tor bewusst, kann die II, **Die Hohepriesterin**, Dich tatsächlich in die größten Geheimnisse des Lebens einweihen, und genau diese nicht immer ganz einfache Aufgabe wurde mir während meiner Zeit in der 2er Wohnung zuteil, denn es war in dieser Wohnung mit der Nummer 2, dass ich in die in meinem Buch »Der Mond und der kosmische Code der Schöpfung« und den darauf folgenden Buchprojekten (inklusive diesem) beschriebenen Geheimnisse des Kosmos und der SEELE eingeweiht wurde und die Bücher hier auch schrieb bzw. auch dieses Buch hier schreibe!

Die Verbindung zur 2, der geheimnisvollen Hohepriesterin, der Arkana des Mondes(!), wurde mir selbst auch in dieser Wohnung mit der Nummer 2 bewusst, denn es war hier, dass ich begann, mich intensiv mit dem Tarot und der Verbindung der Arkana zu den Energieschlössern und zum Leben allgemein zu befassen!

Die Große Arkana II, die Hohepriesterin, zeigt die Hohepriesterin in einem wallenden, blauen Gewand, dem Symbol für Weisheit, auf einem Schemel (repräsentiert das Irdische) sitzend zwischen einer dunklen und einer hellen Säule. Auf der dunklen Säule ist in großer silberner Schrift der Buchstabe B (von Boaz = Vollendung) zu lesen, auf der hellen Säule steht in dunkler Schrift der Buchstabe J (von Jachin = Beginn).

Die Hohepriesterin ist die Hüterin des die Wahrheit, das »Paradies«, das »himmlische Jerusalem«, dargestellt durch den üppigen Garten mit den Pomegranat-Äpfeln hinter der Hohepriesterin, mit der »Wirkung der Wahrheit«, der Wirklichkeit bzw. Realität verbindenden Tores. Dieses Tor ist der MOND, den die Hohepriesterin symbolisiert und welcher auf der Tarot-Karte II gleich mehrfach zu sehen bzw. zu ent-decken ist: Zum einen befindet sich der aufsteigende Mond (aufsteigend symbolisiert das Aufnehmen der Weisheit) zu Füßen der Hohepriesterin, was sinnbildlich die Verbindung des Mondes zum Irdischen ausdrückt. Des Weiteren können wir die zu- und abnehmende Mondsichel auch innerhalb des Symbols für die Drei-Einheit auf dem Haupte der Hohepriesterin erkennen. Die beiden Mondsicheln halten in sich einen vollen Kreis, Symbol für den Vollmond, für die sich erfüllte WAHRHEIT, die Drei-Ein-Wahrheit(!), umschlossen. Das Kreuz auf der Brust der Hohepriesterin repräsentiert die 4, welche sowohl die Zahl des Mondes als auch die Zahl des Irdischen, der 4 Elemente (siehe Kapitel über Energieschloss 1) ist. Dieses Kreuz befindet sich auf einer Höhe mit den Buchstaben B und J auf den Säulen, der Vollendung und dem Beginn. Die 4, der Mond bzw. die Schwingung des Mondes, repräsentiert durch die Hohepriesterin, ist die Bedingung zum Erkennen der Weisheit, dargestellt auch durch die Tora, dem Buch der Weisheit im Arm der Hohepriesterin. Die Hohepriesterin ist die Hüterin der Pforte zwischen Wahrheit und Wirklichkeit, sie ist das große Geheimnis des Lebens, welches es zu ent-decken gilt, der Schleier, den es zu lüften gilt ...

Die Hohepriesterin, der Mond, birgt das gesamte Potential des Lebens, der Erschaffung des Irdischen in sich, sie hütet es und fordert Dich auf, den Schlüssel (den Mond) zu nutzen und das Tor zum Paradies, zur Erschaffung des Paradieses auf Erden, zu durchschreiten[10] ...

Energieschloss 2 ist das Tor, welches Deiner Energie ermöglicht, den Rücken hinaufzusteigen und hilft damit sämtlichen Beschwerdebildern, die damit zu tun haben, dass die Energie im Becken blockiert. Dazu gehört neben Problemen im Becken und **Rückenbeschwerden** auch **Frieren**. Energieschloss 2 schafft wohlige Wärme und eignet sich daher wunderbar als Energieschloss vor dem Einschlafen. Einfach sanft die Hände im Liegen unter den Rücken, auf den oberen Rand des Hüftknochens legen (Energieschloss 2, siehe Foto Seite 36).

Wenn die Energie frei durch Energieschloss 2 den Rücken aufsteigen kann, löst sich auch die **Spannung in den Beinen** und die **Körperhaltung** verbessert sich sozusagen »von alleine«.

Energieschloss 2, welches nach der »männlichen 1« auch als weibliches Energieschloss bzw. weibliche Energie angesehen wird, wird oftmals auch tatsächlich unbewusst von schwangeren Frauen geströmt. Nicht unbedingt auf Grund seiner »weiblichen« Energie, sondern wohl eher auf Grund seiner wohltuenden Wirkungen für die Beine, den Rücken und auch für die **Nieren**, in deren Bereich Energieschloss 2 schließlich liegt.

Die Nieren repräsentieren interessanterweise ebenso wie die II das Thema Beziehungen: die Beziehung zwischen weiblich und

---

[10] *Die Manifestation der Wahrheit durch den Einklang mit dem Mond beschreibt die Autorin anhand des kosmischen Codes der Schöpfung ausführlich in ihrem Buch »Der Mond und der kosmische Code der Schöpfung« sowie – als Kurzfassung – in ihrem Mondkalender »Gesundheit in deiner Hand«*

männlich, oben und unten, die Beziehung zum Höheren Selbst ebenso wie die Beziehungen zum Partner, zur Familie und den Mitmenschen.

Im emotionalen Bereich hilft Energieschloss 2 bei Beziehungsproblemen, und zwar auch in Kombination mit Energieschloss 1, sowie in Kombination mit Energieschloss 3, dem Hauptenergieschloss für Kommunikation und Kreativität, siehe Strömanleitung unten.

Energieschloss 2 hilft Dir, die Wahrheit hinter der Wirkung der Wahrheit zu erkennen; sie gibt Dir Unterscheidungsvermögen und ermöglicht Dir, Dein wahres Potential zu erkennen.

Zusammenfassend können wir sagen, dass Energieschloss II, die Hohepriesterin, ein wunderbar wärmendes und **Kraft** spendendes Energieschloss ist, welches Dir ermöglicht, den Schleier zur Weisheit zu lüften und die Dinge zu erkennen, wie sie wahrhaft sind!

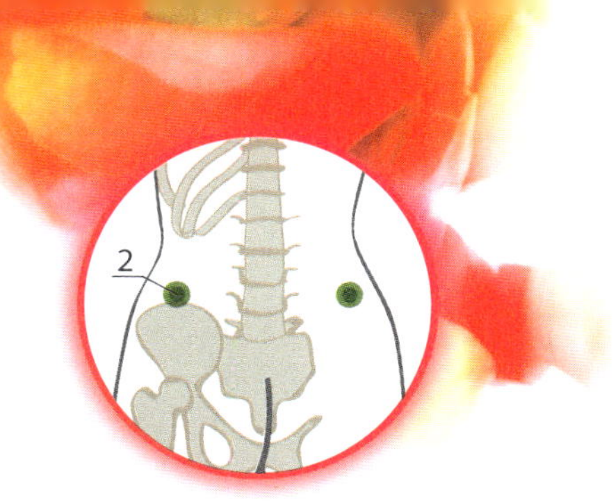


## Strömen von Energieschloss 2

Die einfachste Art, Energieschloss 2 zu strömen ist diese: Lege Deine Hände in die Hüften bzw. die linke Hand auf das linke Energieschloss 2 auf den oberen Rand des linken Hüftknochens, und Deine rechte Hand auf das rechte Energieschloss auf den oberen Rand des rechten Hüftknochens (siehe Foto Seite 36).

Um Energieschloss 2 und 3 miteinander zu strömen, legst Du einfach (für die linke Seite) die linke Hand auf das linke Energieschloss 2 und strömst dabei gleichzeitig das linke Energieschloss 3 am oberen, inneren Rand des Schulterblattes, mit den Fingern der rechten Hand. (Für die andere Seite wechselst Du die Hände entsprechend; siehe Foto Seite 37.)

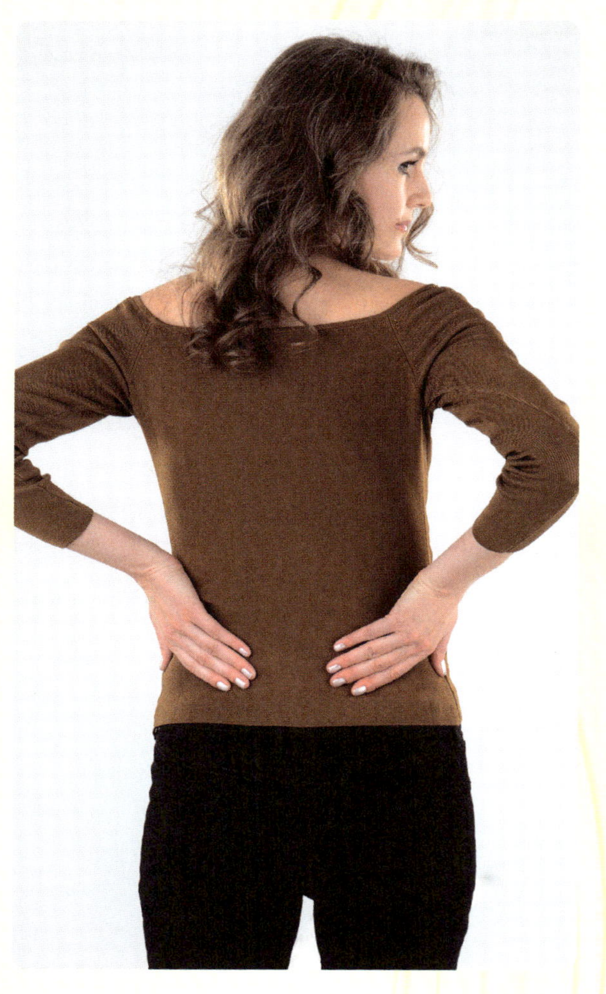

## Energieschloss 3

# Die TÜR, natürliches ANTIBIOTIKUM

Von dem Tor, der 2, steigen wir auf zu Energieschloss 3 am oberen, inneren Rand des Schulterblattes, der Drei-Einheit, Einheit von Körper, Geist und SEELE, dargestellt durch die Große Arkana Nr. 3, **Die Herrscherin**.

Die 3 ist auf unserer Reise durch die 26 Energieschlösser ein erstes »großes Ziel«, ein Meilenstein sozusagen, welcher mit Geschenken wahrlich nicht geizt:

Sieh Dir die Große Arkana III, Die Herrscherin, an und lass sie einfach für einige Minuten auf Dich wirken.

Was ist das Gefühl, welches Du erhältst, welche Assoziationen verbindest Du mit der schönen Frau mit dem Zepter und der Sternenkrone?

Die in einem wallenden Gewand, verziert mit Rosen, gekleidete Herrscherin und die üppige Natur, das frei fließende Wasser (Kreativität!) zur Linken der Herrscherin[11], die kostbaren purpur-roten Kissen, auf denen sie Platz genommen hat, das goldene Zepter, die Perlenkette, der Lorbeerkranz und die funkelnde Sternenkrone auf

[11] *Von der Herrscherin aus gesehen.*

dem Haupt der Herrscherin, der goldene Weizen zu ihren Füßen und das golden-orangene Licht um ihr Haupt – die Karte Nr. III ist das Sinnbild für **Fülle, Üppigkeit, Fruchtbarkeit und Kreativität!**

Die Rosen auf dem Kleid der Herrscherin sind dieselben Rosen, das Symbol für die Erfüllung des Lebenspotentials, aus dem Vordergrund von Bild Nr. I, nur dass sie mit der III bereits mehr ins »Materielle« gezogen wurden. Die Rosen bzw. die Rose ist sowohl Ziel als auch Werkzeug, denn die Rose ist ja, wie bereits angedeutet im Kapitel über Energieschloss 1, das Symbol für den Fünfstern, dem Symbol für das entfaltete Potential des Menschen.

Die Schlüssel zur Entfaltung des Fünfsterns, dem Erblühen der Rose, liegen nicht im »Äußeren«, sondern vielmehr im Inneren des Menschen. Es sind die 12 (Organ)-Kräfte der SEELE, die Entsprechungen zu den 12 Tyr- bzw. Tier-kreiskräften[12] des Menschen, dargestellt durch die 12 Sterne der Sternenkrone auf dem Haupt der Herrscherin.

Die auf der Großen Arkana III, die Herrscherin, dargestellte Üppigkeit sind die Geschenke, mit denen sich nur der Mensch selbst beschenken kann. Es ist das Potential des Himmels, welches wir in unser

[12] *Der Wortteil »Tier« in Tier-kreiszeichen stammt von dem altgermanischen Wort »Tyr« = Drei-Gott bzw. Drei-Einheit, siehe auch »Der Mond und der kosmische Code der Schöpfung« der Autorin dieses Buches für die ausführliche Beschreibung der 12 Tierkreiskräfte des Menschen und seiner Organzuordnungen.*

irdisches Leben »hinunterziehen« bzw. manifestieren, indem wir die 12 Werkzeuge unserer SEELE erkennen und nutzen, bzw. in dem wir die 3 Ebenen der SEELE miteinander verbinden, um dadurch selbst der Kanal bzw. die TÜR zu sein für das nährende Licht der Quelle.

Und – so wie eine geöffnete Tür immer Übergangs- bzw. Verbindungsort von einem Raum zum nächsten ist und Menschen und Dinge ein- und ausgehen lässt, so gleicht Energieschloss III einer energetischen Schwingtür ...

... einer Schwingtür, welche ermöglicht, Altes, ebenso wie **seelische Verletzungen** und **Enttäuschungen** zu **entlassen**, um dafür kraftvolle, **frische Energie** aus der Quelle aufnehmen zu können.

Auf Grund dieser reinigenden und schützenden Bedeutung gilt Energieschloss 3 als hochwirksames **natürliches Antibiotikum**, welches – bei den ersten Anzeichen einer Erkältung sowie bei **Fieber** geströmt – das **Immunsystem** ankurbelt und die unangenehmen Erkältungssymptome lindert. Besonders wirksam ist in diesem Fall der sogenannte »Erkältungsgriff«, siehe unter »Strömen von Energieschloss 3« weiter unten.

Die Lage von Energieschloss 3 im Bereich des 2. Brustwirbels lässt uns auch die Verbindung zum Thema **Kommunikation** erkennen. Zum einen liegt es auf einer Höhe mit dem der Kommunikation zugeordneten **Halschakra** (wodurch das Strömen von Energieschloss 3 auch generell bei Halsschmerzen wirkt bzw. diese harmonisiert); zum anderen ist die 3 durch ihre Bedeutung als Schöpfungsimpuls[13] generell der Kommunikation zugeordnet, womit wir

---

*[13] Innerhalb des Codes der Schöpfung (3x4=12) ist die 3 der in die Inkarnation strebende und sich durch die 4 entfaltende Schöpfungsimpuls.*

wieder den Bogen schlagen zu den Lungen, denn die Lungen gelten – ebenso wie die Nieren – als Kommunikationsorgane des Körpers.

Eine Möglichkeit, generell selbst schnell einen ersten Eindruck über die Wirkungen eines Energieschlosses zu erhalten, ist immer auch die Lage des Energieschlosses am Körper. Energieschloss 3 liegt im Schulterbereich und verschafft damit auch generell Linderung bei **Schulter- und Nackenbeschwerden**. Sehen wir uns die Lage der beiden nachfolgenden Energieschlösser von Energieschloss 3 an – Energieschloss 4 am Hinterkopf sowie Energieschloss 5 am inneren Fußknöchel, so gibt uns dies bereits einen Hinweis, wie bzw. wohin die Energie ausgehend von Energieschloss 3 fließt. Die Energie steigt zunächst weiter hinauf (zu Energieschloss 4 als oberstem Energieschloss am Hinterkörper), um dann über den Kopf hinüber den gesamten Vorderkörper hinunter zu den Füßen zu strömen. Praktisch kannst Du dieses Wissen nutzen, um Energieschloss 3 zu reinigen, denn es gilt, den »Abfall«, die verbrauchte Energie innerhalb des Energieschlosses in den sich kontinuierlich reinigenden Energiestrom zu geben. Dies tun wir z. B., indem wir Energieschloss 3 mit Energieschloss 15 an der Leiste kombinieren (siehe Strömtipps weiter unten), oder auch, indem wir Energieschloss 3 mit dem Ringfingermudra (Daumen auf Ringfingernagel) kombinieren, denn dieses Mudra öffnet die Energie im Brustkorb und ermöglicht so dem vom Energieschloss 3 strömenden Energiestrom vorne hinabzusteigen.

Zusammenfassend können wir sagen, dass Energieschloss 3 eines der wichtigsten Energieschlösser bei **Erkältungskrankheiten** und **Atemproblemen** (Husten, Verschleimung) ist und das Immunsystem sowohl zwischendurch als auch bei akuten Problemen (wie z. B. Grippe) unterstützt und ankurbelt. Energieschloss 3 stärkt die **Schilddrüse**, schützt vor Verletzungen geistiger und seelischer Art und wirkt auch der **Tumorbildung** entgegen, und: Durch seinen Bezug zu den **Lungen** unterstützt Energieschloss 3 sämtliche Heilprozesse, denn die Harmonie der Lungen ist essentiell für die **Vitalität** und damit auch für die **Regenerationsfähigkeit** des Körpers!

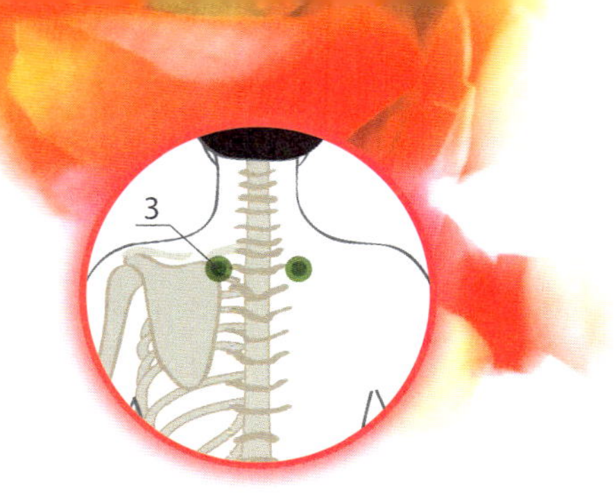


# Strömen von Energieschloss 3

Wie jedes Energieschloss, kannst Du auch Energieschloss 3 ganz einfach einzeln strömen, indem Du z. B. die linke Hand auf das linke Energieschloss 3 und die rechte Hand auf das rechte Energieschloss 3 legst, oder aber das linke Energieschloss 3 mit der rechten, und das rechte Energieschloss 3 mit der linken Hand strömst (siehe Foto Seite 45).

Strömst Du Energieschloss 3 für jemand anderen, tust Du dies am besten von hinten aus, indem Du die rechte Hand sanft auf das rechte Energieschloss 3 und die linke Hand auf das linke Energieschloss 3 der zu behandelnden Person legst.

Für den **»Erkältungsgriff«** strömst Du das linke Energieschloss 3 mit den Fingern der rechten Hand und legst dabei gleichzeitig nacheinander den Daumen der linken Hand auf die Fingernägel derselben Hand, beginnend mit dem Zeigefinger. Auf jedem Fingernagel verbleibst Du einige Minuten. Dieser »Kurzstrom« ist hocheffektiv bei beginnender Erkältung, bei Fieber bzw. bei den ersten Grippesymptomen! Wenn Du jemand anderen strömst, strömst Du einfach Energieschloss 3 und hälst derweil nacheinander jeden Finger derselben Seite.

Die Kombination von Energieschloss 3 mit dem Ringfingermudra löst die Schultern (siehe Foto Seite 47), »öffnet« den Brustkorb und hilft auch bei **hormonellen Problemen**, z. B. während der

Wechseljahre! Hierzu strömst Du wieder das linke Energieschloss 3 mit den Fingern der rechten Hand und bildest derweil gleichzeitig mit dem linken Daumen und Ringfinger einen Ring, indem Du den Daumen auf den Ringfingernagel legst. (Für die andere Seite kehrst Du die Hände entsprechend um, also linke Hand auf die rechte Schulter auf Energieschloss 3 und den Ring aus Daumen und Ringfingernagel mit den Fingern der rechten Hand.)

Eine weitere – bereits oben angesprochene – Möglichkeit Energieschloss 3 zu strömen, ist die Kombination von Energieschloss 3 mit Energieschloss 15 (siehe Foto Seite 46). Hierzu legst Du (für die linke Seite) wieder die rechte Hand über die linke Schulter auf das linke Energieschloss 3 und dabei gleichzeitig die linke Hand in die linke Leiste auf Energieschloss 15. Für die andere Seite wechselst Du die Hände entsprechend. Wenn Du die Hand über die Schulter legst, um Energieschloss 3 zu berühren, strömst Du unweigerlich auch Energieschloss 11 mit, so dass dieser Griff auch Energieschloss 11 öffnet.

Diese Strömkombination kurbelt den **Lymphfluss** an, hilft den **Schultern,** den **Nieren** und **stärkt den Rücken**.

## Energieschloss 4

# FENSTER ZUM BEWUSSTSEIN

Nach der Tür (der 3) möchte nun das Fenster geöffnet werden. Interessanterweise assoziieren wir meist eher eine Tür mit irdischer »Bodenhaftung«, wenngleich es eher die 4, **Der Herrscher**, ist, welcher diese Bodenhaftung, das Irdische, Materielle, Bodenständige, ausdrückt.

Mit der 4 wird die 3, die Idee, der Schöpfungsfunke, ins Irdische gezogen; er beginnt »Form« anzunehmen, wird zur »Erde«, zum Thron.

Die 4, der feste Sitz auf dem Thron, ist die Be-Ding-ung für die Ver-Wirk-lichung der 3, des Schöpfungsfunkens. Die 4 nimmt die 3 sozusagen »in sich« auf, siehe das Dreieck innerhalb der Zahl 4, schließt es in sich ein, denn Fakt ist: Ohne die 3, ohne den geistigen, kreativen Schöpfungsfunken, gebe es das Materielle gar nicht, könnte das Physische, die 4, gar nicht entstehen.

Der Herrscher, die große Arkana-Karte Nr. IV, verkörpert das Physische, Materielle, die irdische Macht, dargestellt zum Beispiel durch die das Wurzelchakra repräsentierende rote Farbe der Kleidung des Herrschers sowie durch den goldenen Reichsapfel in der linken Hand des Herrschers.

Doch es ist nicht nur die irdische Macht, die wir durch die Meisterung der 4 (Elemente des Lebens) und der Öffnung von Energieschloss 4 am Hinterkopf, erreichen. Das Ankh-förmige Zepter, welches der Herrscher in seiner rechten Hand hält, repräsentiert die Macht über Leben und Tod, das Konzept des ewigen Lebens, und genau darum geht es im Grunde bei unserem Energieschloss 4, welches an der Schädelbasis, jeweils links und rechts in den Einbuchtungen neben dem 1. Halswirbel liegt.

Für die Menschen im Altertum war Energieschloss 4 der Bereich, an dem das **Bewusstsein** den Körper während des Sterbeprozesses verließ, und tatsächlich ist die 4 auch dem Bewusstsein zugeordnet – dem sich seines geistigen Kerns bewussten *Sein* innerhalb der 4, innerhalb der irdischen Sphäre!

Energieschloss 4 kann immer dann hilfreich sein, wenn es darum geht, das Bewusstsein – z. B. bei **Ohnmacht** oder nach **Narkose** – wiederzuerlangen, oder auch, um scheinbar »Vergessenes«, wie z. B. frühe **Kindheitserinnerungen**, wieder ins »Bewusstsein«, an die Oberfläche zu holen, um sie »verdauen« und in Liebe loslassen zu können.

Und – Energieschloss 4 kann der SEELE auch helfen, die Entscheidung zu treffen zwischen irdischem und geistigem, nach-irdischem Leben, weshalb Energieschloss 4 auch gerne als Begleitung im Sterbeprozess angewandt wird.

In dem Fall – ebenso wie bei sämtlichen **Hirntraumata** oder auch nach **Schlaganfall** und bei **Ohnmacht** – versteht es sich von selbst, dass der Betroffene von einem lieben Angehörigen oder

Pfleger geströmt wird, da er (sie) in dem Moment selbst nicht dazu in der Lage ist.

Durch seinen Bezug zum Bewusstsein und dem Irdischen wird Energieschloss 4 auch bei **Neugeborenen** angewandt, um sie sanft willkommen zu heißen. Hierzu nimmt man einfach sanft das Köpfchen des Kindes von hinten in die Hände, so dass die Fingerspitzen in der Hinterhaupteinbuchtung liegen.

Dieser Griff eignet sich übrigens auch hervorragend bei älteren Kindern. Er wirkt stark **beruhigend**, hilft bei Lese-, Schreib- und Rechenschwierigkeiten und harmonisiert ADS, das sogenannte **Aufmerksamkeitssyndrom**.

In diesem Fall wäre mein Rat, Energieschloss 4 über einen längeren Zeitraum am besten abends vor dem Einschlafen zu strömen. Als zusätzliche Hilfe kann das Kind sich derweil den Bereich von Energieschloss 4 in der Farbe Blau vorstellen, denn die Zahl 4 hat immer auch einen Bezug zur 4. Tiefe[14] (Seins- bzw. Schwingungsebene), aus der die Organe **Blase** und **Nieren** hervorgehen.

Der Bezug des Hinterkopfes (Energieschloss 4) zu den Organen Blase und Nieren ist übrigens der Grund, warum es so wichtig ist, bei Wind und Kälte immer eine gute Kopfbedeckung zu tragen, so dass dieser Bereich abgedeckt ist und vor Zugluft geschützt ist, denn Kälte am Hinterkopf ist extrem schädlich für die Augen, deren Harmonie vor allem auch von dem harmonischen Fluss der Nierenenergie abhängig ist, die wiederum durch Energieschloss 4 strömt.

Ist Energieschloss 4 blockiert, staut die Energie am Kopf und kann im schlimmsten Fall sogar Auslöser für einen Schlaganfall bzw. eine Hirnblutung sein.

---

[14] *Mehr Info hierzu in dem blauen Kapitel von »Der Mond und der kosmische Code der Schöpfung« sowie in dem Mondkalender »Gesundheit in deiner Hand« von Irene Lauretti.*

Der Bezug von Energieschloss 4 zu den Nieren ist auch der Grund, warum Energieschloss 4 erfolgreich bei **Schwindel** und **Nasenbluten** geströmt werden kann, denn beide Symptome weisen auf eine Disharmonie der Nierenenergie hin, die meist direkt oder indirekt mit Blockaden in Energieschloss 4 einhergehen.

Als solches kann Energieschloss 4 auch sehr hilfreich sein bei der Harmonisierung von **Angst** und **Panikattacken**, denn Angst und Panik haben immer mit der 4. Tiefe und deren Organenergien Blase und Niere zu tun.

Energieschloss 4 ist das »Fenster zum Licht«. Es ist die »webende Prinzessin«, welche das Licht durch und als die 4 (Elemente) verfügbar macht und sowohl das Geheimnis des geistigen als auch des irdischen Lebens kennt.

Es ist das Fenster, welches es gilt, rein und »geputzt« zu halten, damit das Bewusstsein die Verbindung zur Quelle nicht verliert, bzw. der Mensch die Wahrheit nicht durch die der 4 unterstehende Wirklichkeit vergisst!

Energieschloss 4 ist eines der Energieschlösser, welches Du Dir gewohnheitsmäßig für einige Minuten abends vor dem Einschlafen oder morgens vor dem Aufstehen strömen kannst. Die Wirkung richtet sich dabei – wie immer – nach Deiner augenblicklichen Verfassung und Deinem augenblicklichen Bedürfnis.

Abends vor dem Einschlafen geströmt wird Energieschloss 4 Dein Bewusstsein sanft in die himmlischen Gefilde geleiten, morgens vor dem Aufstehen wird es das Bewusstsein ebenso sanft wieder durch das blank geputzte Fenster in Deinen Körper, den Tempel Deiner SEELE, ziehen.

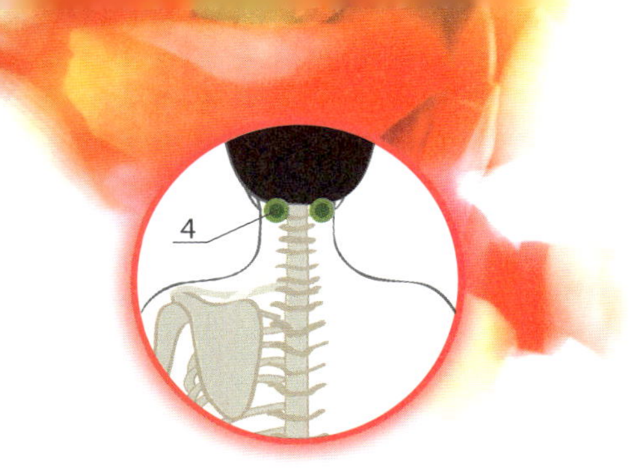


# Strömen von Energieschloss 4

Energieschloss 4 lässt sich einfach strömen, indem Du Deine rechte Hand auf das rechte Energieschloss 4 am rechten Hinterkopf und Deine linke Hand auf das linke Energieschloss 4 am linken Hinterkopf legst (siehe Foto Seite 54).

Alternativ kannst Du auch die gesamte Hand auf den Hinterkopfbereich legen und gleichzeitig die andere Hand auf die Stirn legen. Dieser Griff eignet sich hervorragend zur Harmonisierung von **Kopfschmerzen**.

Eine sehr effektive Energieschlosskombination ist Energieschloss 4 plus Energieschloss 21 unter dem Wangenknochen. Hierzu legst Du die rechte Hand auf das linke Energieschloss 4 und berührst dabei gleichzeitig das rechte Energieschloss 21 mit den Fingern der linken Hand (siehe Foto Seite 55). Für die andere Seite wechselst Du die Hände entsprechend (siehe Foto). Diese Energieschlosskombination ist ein sehr effektiver Strömgriff zur **Stärkung der Augen**, vor allem, wenn er täglich angewandt wird!

Strömst Du jemand anderen, stelle oder setze Dich am besten hinter die zu strömende Person und nehme den Hinterkopf sanft in die Hände, wobei die Fingerspitzen auf Energieschloss 4 liegen. Dieser Griff eignet sich wunderbar als »Abschlussgriff« bei einer Strömsitzung, z. B. nachdem Du der zu behandelnden

Person den Mondstrom[15] oder einen sonstigen Organstrom geströmt hast.

In dem Fall kannst Du nach Energieschloss 4 auch noch den großen Zeh (Energieschloss 7) strömen, um die Energie vom Kopf nach unten zu den Zehen zu ziehen. Auch hier ist es wieder das Wissen um die den Hinterkörper hinauf- und den Vorderkörper hinabsteigende Energie, welches uns Anhaltspunkte zum Auflegen der Hände geben kann!

---

[15] *Der Mondstrom ist der Organstrom, welcher der aktuellen Mondstellung entspricht. Das Konzept des Mondstroms und die 12 Organströme beschreibt die Autorin in ihrem Werk »Der Mond und der kosmische Code der Schöpfung«. Den täglichen Mondstand mit Organzuordnung und Energetisierungsfinger zeigt »Gesundheit in deiner Hand. Der besondere Mondkalender«.*

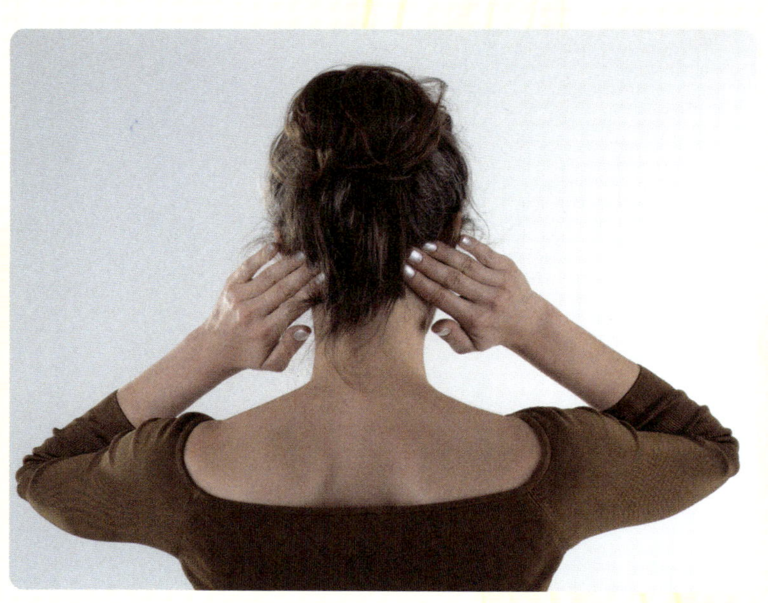

# Energieschloss 5
# TRANSFORMATION

Mit der 5 beginnt etwas Neues: Immer!

In den kleinen Arkana-Karten des Tarot ist die V generell die Karte, die Veränderung und oftmals auch »versteckte« Probleme anzeigt. Die 5 (V), das nach oben geöffnete V, fordert uns auf, den Blick vom Irdischen, der 4, den die »Sicht versperrenden 4 Wänden«, nach oben, zum eigenen Selbst zu richten.

Die Große Arkana V, **Der Hierophant**, zeigt einen in kostbarer roter Robe gekleideten Hohepriester auf einem Thron zwischen zwei Säulen sitzend. Die das Bewusstsein repräsentierende rechte Hand des Hohepriesters ist erhoben, Zeige- und Mittelfinger zeigen nach oben, zum Himmel, Ring- und kleiner Finger nach unten, zur Erde. Auch hier also sehen wir wieder das Symbol der Verbindung von Himmel und Erde, von Wahrheit und Wirklichkeit, der Drei-Einheit bzw. der zwischen beiden Ebenen vermittelnden SEELE.

Der Hierophant segnet zwei ihm zu Füßen knieende Männer, von denen einer ein Gewand mit Rosen trägt und der andere eines mit Lilien.

Die Rosen, wie wir bereits erfahren haben, repräsentieren den sich entfaltenden bzw. entfalteten Fünfstern, das Symbol für die Erfüllung des Lebenspotentials durch die **Meisterung** der 12

Kräfte der SEELE. Die weißen Lilien repräsentieren die **Reinheit** von Körper und Gewissen, das tugendhafte, disziplinierte Leben eines Menschen, der sich selbst treu ist, der seine Wahrheit lebt, was die Bedingung ist für die Entfaltung der Rose, des fünfzackigen Sterns.

Die Meisterung des Egos durch die 12 Kräfte der SEELE und die Reinheit von Körper und SEELE sind die von dem Hierophanten angemahnten Bedingungen bzw. **Schlüssel** (die beiden überkreuzten Schlüssel vor den Füßen des Hierophanten zwischen den knienden Männern) für die Erfüllung der Drei-Einheit, der Verschmelzung des Egos mit dem Wahren Selbst, der Segnung des Lebens.

Diese Verschmelzung bzw. Ver-Ein-igung wird auch repräsentiert durch das Schmucktuch, welches von der Krone, hinter den Ohren des Hierophanten, herabhängt. Es war ursprünglich ein Joch, und ein Joch repräsentiert ebenfalls Vereinigung und Zusammenfügen.

Die 5 (V) ist die Zahl des Menschen – des sich seiner Selbst durch die Meisterung der 12 Kräfte seiner SEELE *bewusst* gewordenen Menschen. Jedes Erkennen, jede Bewusstwerdung, ermöglicht einen Aufstieg, öffnet neue Türen, zeigt einen neuen Weg, und genau davor haben viele Menschen unbewusst **Angst**!

Energieschloss 5, welches unterhalb des inneren Fußknöchels in der Mulde liegt, löst die Angst und ermöglicht **Transformation**.

Es liegt auf dem Stromverlauf der Nierenenergie[16] und ermöglicht dieser vom kleinen Zeh aus, das Bein hinaufzusteigen. Energieschloss 5 ist sozusagen die erste große Transformation entlang des Stromverlaufs der Nierenenergie, denn nachdem diese die Fußsohlen durchquert hat, ändert sie nun ihre Fließrichtung zum Aufsteigen hin, denn der Nierenstrom muss den gesamten Vorderkörper hinaufsteigen, um dann am Hinterkopf entlang durch Energieschloss 4 den Rücken wieder zum Steißbein hinunterzusteigen.

Energieschloss 5 unterstützt den Nieren(energie)strom sowie den Leber(energie)strom, welcher, vom großen Zeh aus kommend, ebenfalls Energieschloss 5 passieren muss, um in die Aufwärtsbewegung, das Bein hinauf, zu wechseln.

Durch den Bezug zur Nierenenergie unterstützt das Strömen von Energieschloss 5 sämtliche Symptome, die mit den Nieren bzw. der Nierenenergie verbunden sind:

Energieschloss 5 hilft **Altes loszulassen und Neues anzunehmen**, es harmonisiert die Angst, nimmt die **Beklemmung aus dem Brustraum** (und hilft dadurch auch der **Atmung**), und es hilft das **Bewusstsein** zu verändern.

Energieschloss 5 hilft außerdem bei jeglichen Problemen mit den Ohren, auch in Verbindung mit Energieschloss 16 (siehe »Schmerzgriff« Seite 64).

Durch seine Beziehung zu den Fußreflexzonen der Geschlechtsorgane, unterstützt das sanfte Strömen von Energieschloss 5 ferner auch die Heilung von Problemen mit der **Monatsblutung** bzw. harmonisiert zu starke oder zu schwache Blutungen.

---

*[16] Die Abbildungen zu sämtlichen 12 Organströmen findest Du als jeweils 2-seitige Grafiken in »Der Mond und der kosmische Code der Schöpfung« derselben Autorin.*

Und – in Kombination mit Energieschloss 16 (Aufbrechen bestehender Formen zugunsten neuer) ist Energieschloss 5 ein kraftvoller und zuverlässiger Helfer gegen Schmerzen. Der sogenannte **»Schmerzgriff«** (siehe unten) kann bei jeder Art von Schmerzen angewandt werden und ist z. B. auch **vor oder während der Geburt** (in dem Fall natürlich von jemand anderem geströmt) ein zuverlässiger Helfer gegen überwältigende Geburtsschmerzen.

Zusammenfassend lässt sich sagen, dass Energieschloss 5 eines der wichtigsten Energieschlösser zur Harmonisierung von **Angst** ist und immer dann besonders angebracht ist, wenn es um eine **Lebensveränderung** bzw. die »Angst vor der Lebensveränderung« geht. Energieschloss 5 löst die Angst vor dem Unbekannten, gibt viel **Energie** (durch die Beziehung zur Nierenenergie) und ist generell ein wichtiger Helfer und Unterstützer für das **geistig-seelische Wohlbefinden**. Durch den Bezug zur Nierenenergie hilft Energieschloss 5 auch bei **Hörproblemen** und unterstützt die Heilung von Rückenproblemen, wobei Rücken- und Nackenprobleme gemäß dem Sprichwort »die Angst, die einem im Nacken sitzt«, sehr oft mit »Angst« zu tun haben.

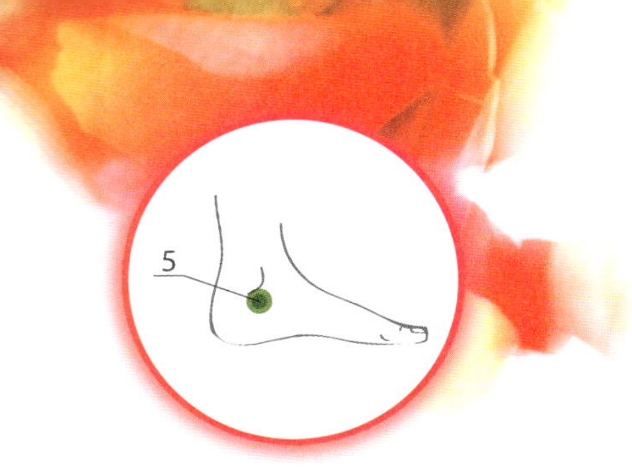


## Strömen von Energieschloss 5

Wie auch die anderen Energieschlösser, kann auch Energieschloss 5 sowohl individuell als auch in Kombination mit anderen Energieschlössern geströmt werden.

Um Energieschloss 5 individuell zu strömen, legst Du – in einer bequemen Sitzhaltung – die Finger der rechten Hand auf das rechte Energieschloss 5 und die Finger der linken Hand auf das linke Energieschloss 5, oder aber die Finger der rechten Hand auf das linke Energieschloss 5 und die Finger der linken Hand auf das rechte Energieschloss 5 (siehe Foto Seite 62).

Für den **Schmerzgriff** strömst Du Energieschloss 5 IMMER mit der rechten Hand – also egal an welchem Fuß – und gleichzeitig Energieschloss 16 mit den Fingern der linken Hand. Dasselbe gilt natürlich, wenn Du diesen Griff an jemand anderem strömst, entscheidend ist, dass Deine rechte Hand IMMER auf Energieschloss 5 und die linke auf Energieschloss 16 liegt (siehe Foto Seite 64).

Eine weitere, sehr regenerierende Energieschlosskombination mit Energieschloss 5 ist folgende: Ströme Dein rechtes Energieschloss 5 mit den Fingern Deiner linken Hand und schiebe gleichzeitig Deine rechte Hand unter Deinen rechten Sitzbeinknochen (Energieschloss 25), siehe Foto Seite 63. Diese Energieschlosskombination wirkt stark **entgiftend und regenerierend**. Für die andere Seite wechselst Du die Hände entsprechend, also rechte Hand auf das linke Energieschloss 5 und gleichzeitig die linke Hand unter den linken Sitzbeinknochen.

Diese Energieschlosskombination ist besonders bequem im Sitzen, wenn Du das Bein, an dem Energieschloss 5 gehalten werden soll über das Knie des anderen Beines legst.

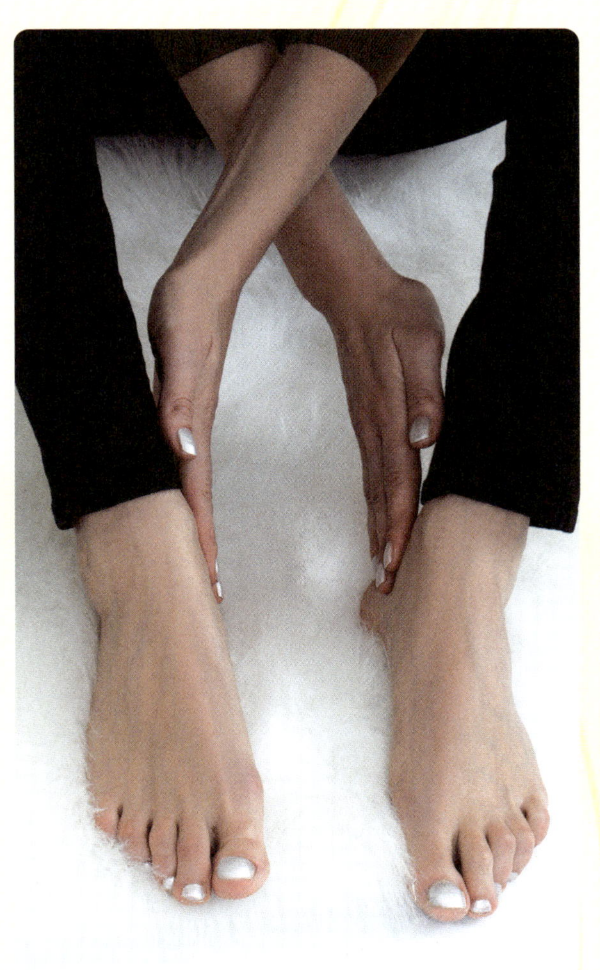

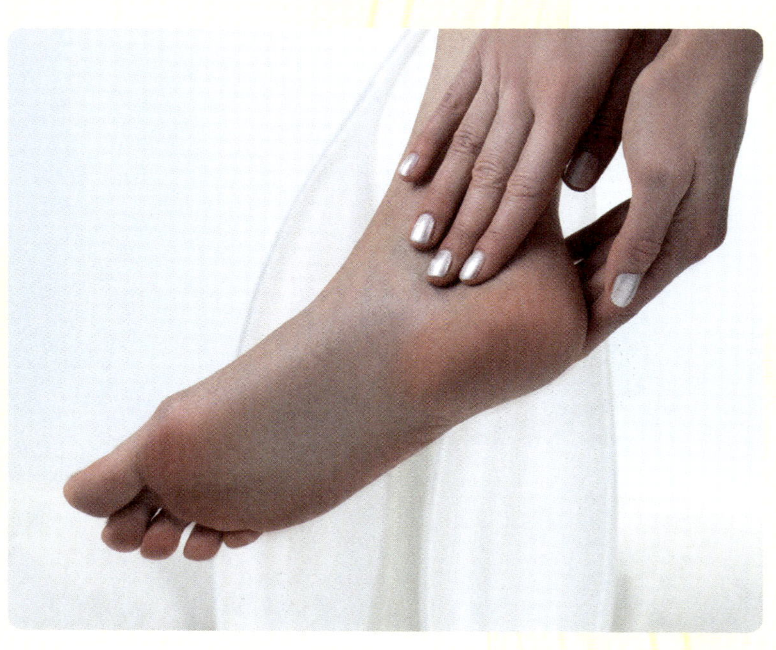

## Energieschloss 6

# GLEICHGEWICHT und UNTERSCHEIDUNGSVERMÖGEN

»**Die Liebenden**« – diesen wundervollen Namen hat die große Arkana-Karte Nr. VI, die Tarot-Entsprechung zu Energieschloss 6, am höchsten Punkt der Fußwölbung an der Innenseite des Fußes.

Wenn wir uns die Große Arkana VI ansehen, sehen wir einen unbekleideten Mann und eine unbekleidete Frau vor einem roten Berg stehen. Über dem Berg erscheint aus einer Wolke der Erzengel Raphael, der Engel der Heilung (von dem hebräischen Wort *rophe* für Heilung). Raphael breitet schützend seine Arme über den Liebenden aus. Hinter ihm strahlt eine goldene Sonne mit 49 Strahlen, wobei die Quersumme aus 49 (4 plus 9) die 13 mit der Bedeutung »Liebe Deine Feinde« ergibt.

Flügel und Haare des Erzengels sind aus **Feuer**, dem Element der LIEBE, sein Gewand ist violett, die Farbe **spiritueller Erkenntnis**.

Der Mann steht vor einem Baum mit 12 dreiflammigen Feuerzungen. Auch hier finden wir also wieder die Symbole des in meinem Buch »Der Mond und der kosmische Code der Schöpfung« beschriebenen kosmischen Codes der Schöpfung:

Die 12 als Symbol für die 12 zu meisternden (Organ)kräfte des Menschen sowie die Drei-Einheit (symbolisiert durch die dreiflammigen Feuerzungen), die Verschmelzung von Wahrheit (Wahrem Selbst) und des sich durch die Wirklichkeit identifizierenden Egos durch die zwischen beiden Ebenen vermittelnde SEELE.

Der Mann blickt auf die Frau, deren Blick wiederum gen Himmel, zu Erzengel Raphael gerichtet ist und die ebenfalls vor einem Baum steht, dem Baum des Lebens, welcher 4 Äpfel trägt. Über die 4 hatten wir im entsprechenden Kapitel bereits gesprochen, es ist die Zahl des Irdischen, die 4 Elemente (der 12 Tierkreiskräfte), die es zu meistern gilt. Die sich um den Baum windende Schlange entspricht sowohl dem Yin, der weiblichen Kraft und der Verführung, als auch der Kundalini-Kraft bzw. der **Wirbelsäule**.

Energieschloss 6 ist eines der wichtigsten Energieschlösser zur Harmonisierung der Wirbelsäule und kann z. B. immer dann geströmt werden, wenn Wirbel sich immer wieder verschieben. Verschobene oder »herausgesprungene« Wirbel sind ein deutliches Zeichen für das Harmonisierungsbedürfnis des Menschen, der – bei Problemen mit der Wirbelsäule – meist eine in der einen oder anderen Form »chaotische« Zeit durchlebt. Wirbelsäulenprobleme sind immer der Schrei der SEELE nach Wiederherstellung von **Gleichgewicht** und **Harmonie**, nach Auflösung von Gegensätzen, ein Attribut, welches auch die bereits im letzten Kapitel erwähnte **Nierenenergie** mit sich führt. Diejenigen, die den Stromverlauf der Nierenenergie[17] (Nierenstroms) kennen bzw. bildlich vor sich haben, wissen, dass die Nierenenergie, vom kleinen Zeh aus kommend, die Fußsohle im Bereich von Energieschloss 6[18] durchquert, um sich dann bei Energieschloss 5 in die Aufwärtsbewegung zu wandeln ...

Tatsächlich hat Energieschloss 6 gleich aus mehrfacher Hinsicht einen starken Bezug zur Nierenenergie.

Sieh Dir die Zahl 6 einmal genau an: An was erinnert sie Dich? Sicherlich hast Du es auch erkannt, denn mit ihrem geschwungenen Bogen erinnert die 6 an eine hoch-schwangere Frau. **Schwangerschaft** ist das »Produkt« körperlicher Liebe (»Die Liebenden!«, Karte VI). Um schwanger zu werden und eine gesunde Schwangerschaft zu durchleben, ist eine starke Nierenenergie sowohl bei der Frau als auch beim Mann[19] von größter Wichtigkeit.

Eine schwache Nierenenergie kann oftmals der Grund sein für ungewollte Kinderlosigkeit und die Unfähigkeit zu empfangen oder zu zeugen. Da Energieschloss 6 einen starken Bezug zur Nierenenergie hat, hilft das Strömen von Energieschloss 6 – ebenso natürlich wie die direkte Aktivierung der Nierenenergie wie beschrieben in meinem Buch »Der Mond und der kosmische Code der Schöpfung« – immer auch der Harmonisierung der **Geschlechtsorgane**.

---

[17] *Abbildung Seite 364 und 365 in »Der Mond und der kosmische Code der Schöpfung«.*

[18] *Da die Energieschlösser generell einen Radius von bis zu 7 cm haben, gehört die auf einer Höhe mit Energieschloss 6 liegende Fußmitte zum Einflussbereich von Energieschloss 6 dazu.*

[19] *Ja, die Energie des Mannes ist auch nach der Zeugung noch entscheidend!*

Und: Ja, Energieschloss 6 hat – ebenso wie die große Arkana-Karte VI und die Zahl 6 an sich – immer auch einen Bezug zur **Sexualität!** Die Schwingung der 6 ist überschäumende Energie – Energie, die wir nicht »verpuffen« lassen sollten, sondern sie weise nutzen sollen: zum und im liebevollen Miteinander, in und für die Kreativität, für das Nähren neuen Lebens ...

Das Strömen von Energieschloss 6 wirkt außerdem bei allen Arten von **Gleichgewichtsstörungen**, was allein durch die Lage des Energieschlosses Sinn macht, denn wo liegt Energieschloss 6? Es befindet sich genau dort, wo wir einen »sicheren Stand« haben bzw. haben sollten, es gibt uns im wahrsten Sinne des Wortes **»Standhaftigkeit«, Durchhaltevermögen und Stamina**, alles Attribute, die auch der Nierenfunktionsenergie zugeordnet werden!

Ein weiterer interessanter Bezug zur Bedeutung der 6 als spiritueller »Augenöffner« bzw. Öffner des Dritten Auges (= Unterscheidungsvermögen!) lässt sich aus dem Bezug der Zahl 6 zum 6. Chakra, dem Dritten Auge, erkennen: Das Seelentor der Jungfrau, welches wir öffnen durch die Dünndarmenergie[20], entspricht dem 6. Chakra und beschenkt uns – wenn in Harmonie – mit **Unterscheidungsvermögen**. Energieschloss 6 unterstützt Deine Fähigkeit, unterscheiden zu können zwischen wahr und un-wahr, zwischen dem, was Dir dienlich ist oder dem, was Dir nicht bekommt, ebenso, aber eben über eine andere Ebene, der Ebene der Energieschlösser, der Tore »zu den 12 Toren der SEELE«.

Zusammenfassend können wir sagen, dass Energieschloss 6 generell sämtliche **Fruchtbarkeitsprojekte** unterstützt und das

[20] *Siehe »Der Mond und der kosmische Code der Schöpfung« für die 12 Seelentore des Menschen und deren Organ-Schlüsselenergien.*

wichtigste Energieschloss zur Harmonisierung von **Gleichgewichtsstörungen** und **Wirbelsäulenproblemen** ist. Energieschloss 6 beruhigt Chaos und ermöglicht Harmonie durch die Harmonisierung und Stärkung der **Wirbelsäule**. Wie wir später sehen werden harmonisiert auch Energieschloss 24, welches in seiner Quersumme ebenfalls 6 ergibt, Chaos, jedoch auf einer höheren, mehr emotionalen – Ebene. Die 6 ist eine »tiefere«, mehr materielle, physische, körperliche Schwingung und wirkt daher auch »körperlicher«, wobei wir nicht vergessen dürfen, dass die geistige Ebene immer die Vorstufe zur Körperlichen ist, und damit vollkommene Harmonisierung »an der Wurzel« immer auch aus dieser Ebene kommen muss! Energieschloss 6 hilft außerdem – ebenso wie auch Energieschloss 24 – bei **Schwindel**, und, ja (vor allem ES 24) auch gegen das »Schwindeln« bzw. es hilft, dass wir uns und anderen gegenüber ehrlich sind! Durch den Bezug zur Nierenenergie, welche die Knochen stärkt, hilft Energieschloss 6 auch bei **Osteoporose** ebenso wie bei **Bandscheibenvorfällen**.

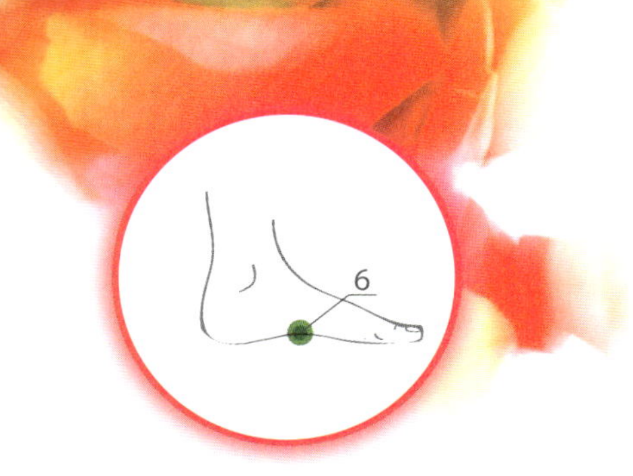


# Strömen von Energieschloss 6

Energieschloss 6 strömst Du am besten bequem im Sitzen. Zieh die Beine leicht an und lege die Finger der rechten Hand auf das rechte Energieschloss 6 etwa 2 Fingerbreit unter dem rechten Großzehenballen auf der Linie des großen Zehs. Dasselbe tust Du für Energieschloss 6 am linken Fuß, in dem Fall mit den Fingern der linken Hand (siehe Fotos Seite 71–72).

Durch den numerologischen Bezug der 6 zur 24 (2 plus 4 = 6) kannst Du diese beiden Energieschlösser auch als Energieschlosskombination zusammen strömen, indem Du das rechte Energieschloss 6 mit den Fingern der linken Hand und gleichzeitig das rechte Energieschloss 24 mit den Fingern der rechten Hand strömst. Diese Energieschloss-Strömkombination ist hochwirkungsvoll zur **Harmonisierung von Chaos und innerem Zittern** (siehe Fotos Seite 73–74).

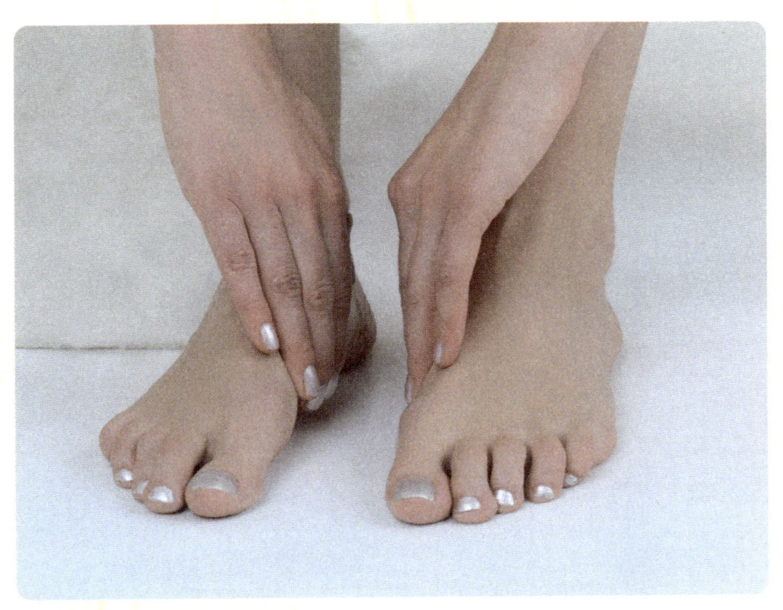

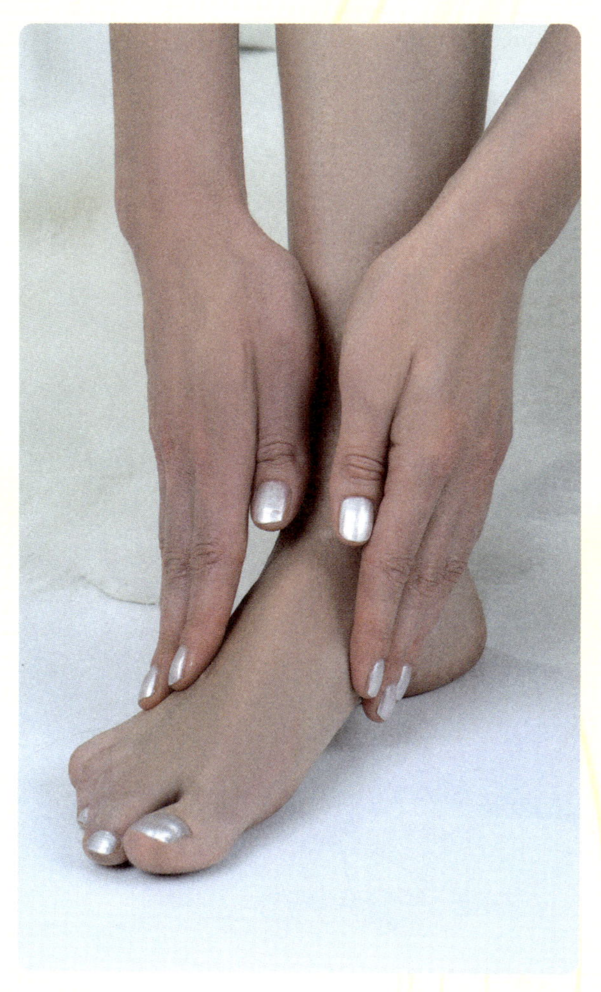

# Energieschloss 7
# SIEG!

S**ieg** und **vollkommene Lebenskraft** sind die wundervollen Bedeutungen von Energieschloss 7 ebenso wie von seiner Großen Arkana-Entsprechung, »**Der Wagen**«.

Energieschloss 7 befindet sich an der Spitze der großen Zehen, jeweils an deren Unterseite.

Mit Energieschloss 7 hat die Energie, ausgehend von Energieschloss 1 an der Innenseite der Knie, eine große Körperumrundung, den Rücken hinauf, und über den Kopf die Körpervorderseite wieder hinunter, absolviert. Sie war sozusagen Sieg-reich über die Schwerkraft, denn, um die Körpervorderseite hinunterzuströmen, muss die Energie ja zunächst die Körperrückseite hinaufströmen. Auf und ab, positiv und negativ, männlich und weiblich, schwarz und weiß (dargestellt durch die beiden Sphinxen vor dem Wagen auf Karte VII) bedingen sich gegenseitig bzw. sind immer voneinander abhängig. Wird das eine zu schwach, leidet über kurz oder lang auch das andere, denn zu viel (unbeherrschte, unkontrollierte Energie bzw. Energiefluss) ist genauso schädlich wie zu wenig bzw. wie ein zu schwacher Energiefluss.

Ziel ist IMMER die Harmonie zwischen beidem, das Gleichgewicht, dargestellt durch den in kostbarer Rüstung gekleideten

Lenker des Wagens. Die Schultern des Wagenlenkers zieren zwei Halb**mond**e, auf dem Haupte sehen wir dieselbe Lorbeerkrone, die wir bereits von »Der Herrscherin«, Karte III, kennen. Auf der Lorbeerkrone thront die **Sonne** vor einem mit Sternen geschmückten Vorhang, dem Symbol für den **Kosmos**.

VII

Der WAGEN



Das große Ziel bzw. Lebens-Ziel des Menschen – und des gesamten Planeten Erde als Produkt der kollektiven Seelen – ist IMMER die Harmonie, der EINKLANG von und mit dem Kosmos, wobei das Wort Kosmos selbst für Ordnung bzw. Einklang steht. Die Harmonie durch die Meisterung der den menschlichen Kräften entsprechenden 12 Kräften der SEELE, dargestellt in Karte VII u. a. durch das Viereck zwischen den beiden Halbmonden. Die 4 – wir erinnern uns – ist die Zahl des Irdischen, sind die 4 Elemente der 12 Tierkreiskräfte, welche es zu meistern gibt durch das Erkennen der menschlichen Triebe und Schwächen, des Egos. Meisterung ist immer auch Bewusstwerdung bzw. ist ohne Bewusstwerdung nicht möglich, wobei die Bewusstwerdung entsprechend dem kosmischen Schöpfungsgrundsatz »Der Weg ist das Ziel« bereits der Meisterung und Heilung entspricht!

Die 7 ist immer ein bedeutender Bewusstseinsschritt, eine Erfüllung, wie auch das Sprichwort »im siebten Himmel sein« erkennen lässt.

7 ist die Zahl der 7. Tiefe, der WAHRHEIT, des Potentials, aus dem der Mensch seine Realität, seine »Wirkung der Wahrheit« er-

schafft – *bewusst* erschafft durch die Meisterung der 12 Kräfte seiner SEELE bzw. durch die meisterhafte Lenkung und Nutzung seines Körpers (4(!), siehe das Quadrat auf der Brust des Lenkers), des Vehikels seiner SEELE!

7 ist LICHT und tatsächlich ist Karte VII eine der LICHT-vollsten Karten der Großen Arkana überhaupt.

Ein Mensch, der die Kräfte seiner SEELE meistert, hat nicht nur seinen Körper, sondern auch sein Ego (Wagen) »fest« im Griff – und zwar sogar ohne dafür die Zügel in der Hand halten zu müssen (der Lenker auf der Karte hält keine Zügel in der Hand!), sondern alleine durch seine Geistes- und Willenskraft, seine Standhaftigkeit und seine Tugend!

Ein 7er Mensch bzw. ein Mensch, dessen 7er Schwingung frei schwingt, nutzt seine Emotionen (dargestellt durch das Wasser, auf dem der Wagen sich befindet), anstatt sich von diesen »hinunterziehen zu lassen« in die Un-Tiefen des Wassers (= seines Wesens).

Der Wagen, das Vehikel bzw. der Körper (die 4, siehe Quadrat auf dem Brustschild) ist für den 7er Menschen, den »Meister« des Lebens, sowohl Tor als auch Schlüssel zu Glück und Wohlstand, dargestellt durch die Festung im Hintergrund des Bildes.

Durch seine Lage am großen Zeh, am Wechselpunkt zwischen ab- und aufsteigender Energie, ebenso natürlich wie durch das Bild des Wagens, bedeutet 7 immer **Wandlung** und **Bewegung**.

Ähnlich wie bei Energieschloss 1 können wir Energieschloss 7 also immer dann anwenden, wenn wir bzw. etwas in unserem

Leben »festzustecken« scheint, wie z. B. die Energie im Kopf bei **Kopfschmerzen**. Wenn der Kopf schmerzt, ist das ein Zeichen, dass die Energie im Kopf blockiert und nicht den Vorderkörper hinabströmen kann. Energieschloss 7 ist daher eines der wirkungsvollsten Energieschlösser bei bzw. gegen Kopfschmerzen und **Migräne**, wobei es im Zustand einer akuten Migräneattacke sicherlich bequemer ist, sich Energieschloss 7 von einem lieben Mitmenschen strömen zu lassen, als sich selbst nach vorne beugen zu müssen.

Durch die abfließende Wirkung ist Energieschloss 7 außerdem eines der wichtigsten Energieschlösser nach **Schlaganfall**. Wenn jeder Schlaganfallpatient nach einem Schlaganfall von Besuchern regelmäßig die großen Zehen gehalten kriegen würde, könnte das sehr viel Gutes bewirken und die Heilung beschleunigen. Die absteigende Wirkung der Energie kann noch zusätzlich unterstützt werden, indem Energieschloss 7 an einem Patienten von seinem Besucher bzw. lieben Mitmenschen überkreuzt geströmt wird, d. h. der Anwender greift mit seiner rechten Hand den rechten großen Zeh des Patienten, und mit seiner linken Hand den linken großen Zeh des Patienten.

Die absteigende, den Energiefluss stärkende Wirkung von Energieschloss 7 ist auch einer der Gründe, warum Energieschloss 7 eines der wichtigsten Energieschlösser ist zur Anwendung nach **Schock** und **Trauma** (Schockzustände) oder bei **epileptischen Anfällen**.

Energieschloss 7 hilft ferner bei **Allergien**, wie Heuschnupfen oder Asthma, es **befreit den Brustkorb**, harmonisiert **Schwindel** und stärkt außerdem den Rücken – stärkt den Rücken, denn wenn die Energie den Vorderkörper hinabströmen kann, kann sie auch den Rücken hinaufströmen und umgekehrt! Es ist das ewige Auf und Ab, das Gleichgewicht zwischen den Polen, welches die große Arkana-Karte VII repräsentiert!

Zusammenfassend lässt sich sagen, dass Energieschloss 7 eines der Energieschlösser ist, die am stärksten sowohl **beruhigen** und **entspannen** (wunderbar auch bei Babys oder kleinen Kindern, die nicht einschlafen können) als auch wieder **Bewegung** ermöglichen, wo es stagniert!

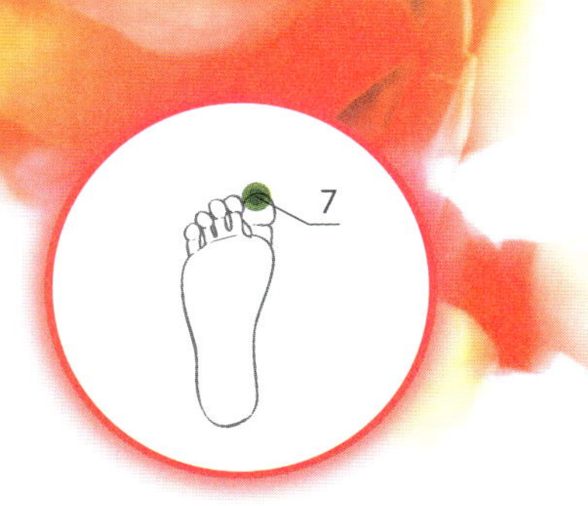


# Strömen von Energieschloss 7

Energieschloss 7 strömst Du am besten im Sitzen, indem Du Deine Füße anziehst oder auf einen Stuhl vor Dich abstellst. Umfasse einfach den rechten großen Zeh mit den Fingern der rechten Hand und den linken großen Zeh mit den Fingern der linken Hand (siehe Foto).

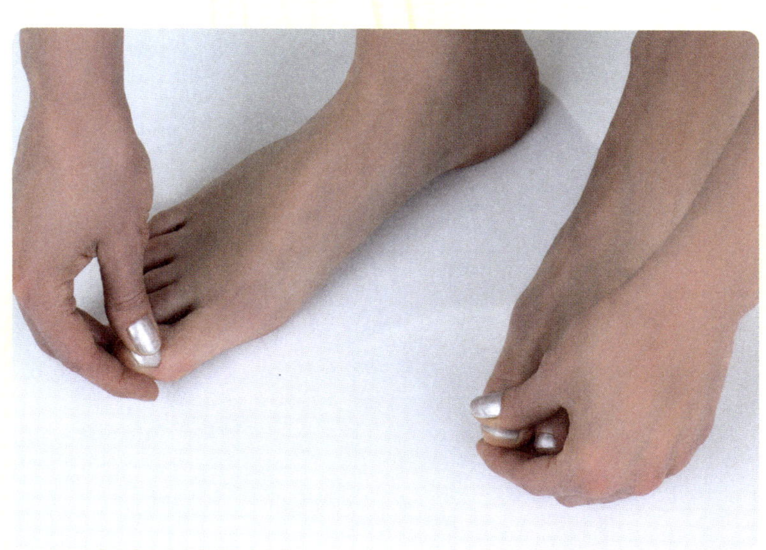

## Energieschloss 8

# STÄRKE

Von der 7, dem »goldenen Wagen«, dem »Sieg«, dem Energieschloss am großen Zeh, strömt die Energie wieder aufwärts zum Knie, wobei es dieses Mal die Knie-Außenseite, der Bereich unter dem Kniegelenk, bzw. genauer gesagt, der Bereich am Sehnenansatz der Unterschenkelmuskulatur ist, welchen wir öffnen.

**STÄRKE** ist die Bedeutung der entsprechenden großen Arkana-Karte[21] des Tarot, wobei dies nicht immer der Fall war.

Tatsächlich hatte ursprünglich die Karte XI die Bedeutung »Stärke«, während die ursprüngliche Bedeutung der Karte VIII »Gerechtigkeit« war.

Viele bevorzugen auch heute noch diese ursprüngliche Bedeutung, und auch ich habe mir natürlich hierüber meine Gedanken gemacht.

Tatsächlich ist es so, dass ich zu beiden Zahlen, also der 8 (VIII) und der 11 (XI) eine sehr persönliche Beziehung habe, da meine Tageszahl[22] eine 11 und die meiner Mutter eine 8 ist.

---

[21] *Im Raider Waite – Deck, welches für dieses Buch benutzt wird.*

[22] *Unter Tageszahl versteht die Autorin die Zahl des Geburtstages, also wenn jemand z. B. am 11. Tag eines Monats geboren ist.*

Ich habe mich oft gefragt, ob ich die Erfahrung meiner Lebenszahl eher als »Gerechtigkeit« oder als »Stärke« bezeichnen würde, und kam immer wieder zu dem Schluss, dass es im Grunde beides ist, bzw. dass Gerechtigkeit und Stärke immer eng miteinander verbunden sind – verbunden sein MÜSSEN – denn durch Gerechtigkeit (Harmonie, Balance) entwickelt sich Stärke, bzw. wir sind immer nur dann wirklich »stark«, wenn wir die »Balance«, die »goldene Mitte« halten, was die Bedeutung der Karte XI, »Gerechtigkeit«, ist.

Die Umstellung der großen Arkana-Karten VIII und XI hat der Golden-Dawn-Orden (Orden der goldenen Morgendämmerung bzw. -röte), eine Rosenkreuz-Vereinigung in England um die letzte Jahrhundertwende, unternommen. Arthur Waite, nach dessen Angaben Pamela Colman-Smith die in diesem Buch verwendeten Rider-Waite Tarot-Karten zeichnete, richtete sich nach der Umstellung der Karten VIII und XI durch den Golden-Dawn-Orden und nahm fortan die »Stärke« als große Arkana-Karte VIII, und die »Gerechtigkeit« als Karte XI.

Unsere Bedeutung für die Große Arkana VIII also ist die »STÄRKE«, wobei es hier – wie Du sicherlich schon erkannt hast – nicht in erster Linie um die physische, sondern vielmehr um die innere, geistige, mentale und emotionale Stärke geht, symbolisch dargestellt durch das gelb-goldene Licht im Hintergrund der den Löwen »zähmenden« Frau auf dem Bild. Gelb-Goldenes Licht hat immer mit dem geistigen Aspekt, dem geistigen Licht der 7. Tiefe, der geistigen Quelle, zu tun. Das gelb-goldene Licht ist jedoch auch die Farbe des Solarplexus, welcher wiederum dem Seelentor des Skorpions entspricht. Wie die Leser meines Buches »Der Mond und der kosmische Code der Schöpfung« wissen, ist die negative Emotion der 4. Tiefe[23] die »Angst«, während der positive Aspekt des Solarplexus und seiner Schlüsselenergie Nierenenergie die wahre, weil geistige(!), MACHT ist.

Irdische Macht HAT man.
Wahre, kosmische Macht IST man!
(»Der Mond und der kosmische Code der Schöpfung«, Seite 34)

Die wahre, weil geistig-kosmische Macht und Stärke ist das, was wir erreichen, wenn wir unser »Ego«, unsere Triebe und Leidenschaften, dargestellt durch den Löwen, bändigen.

Sieh Dir die den Löwen bändigende, sein Maul zuhaltende Frau, einmal genauer an.

Erkennst Du gewisse Dinge wieder, die Du bereits von vorhergehenden Karten bzw. Aufgaben kennst?

Da ist zum einen der mit Rosenblüten verwebte Lorbeerkranz auf dem goldenen Haar der »Löwenbändigerin«. Wir kennen diesen

---

[23] *Die 4. Tiefe ist die Seins- bzw. Schwingungsebene, aus der die Tierkreiszeichen Waage und Skorpion mit deren organischen Entsprechungen Blase (Waage) und Niere (Skorpion) hervorgehen. Die ausführlichen Beschreibungen hierzu zeigt das Buch »Der Mond und der kosmische Code der Schöpfung« der Autorin dieses Buches.*

Lorbeerkranz – wenngleich ohne Rosen darin – bereits von der vorhergehenden Karte VII sowie von Karte III, der Herrscherin.

In der Mythologie des antiken Griechenland galt der Lorbeerstrauch als Symbol der Sühne wie der **moralischen Reinigung**. Der Lorbeerstrauch wird außerdem als Symbol für **Sieg** (Karte VII) angesehen, und wenn wir uns die Bedeutungen der einen Lorbeer-Hauptkranz zeigenden großen Arkana-Karten ansehen (»Der Narr« in Karte 0 trägt, wie wir sehen werden, ebenfalls einen Lorbeerkranz), dann stellen wir fest, dass all diese Karten in gewisser Hinsicht mit »Sieg« zu tun haben bzw. diesen ausdrücken: Die Herrscherin hat die Macht über die Natur und siegt somit über die irdischen Kräfte, der Wagenlenker – ebenso wie die Löwenbändigerin – siegt über seine bzw. ihre Emotionen, und der Narr schließlich – ebenso wie die Löwenbändigerin – siegt über die so weit verbreitete Emotion »Angst«.

Die Löwenbändigerin unserer Großen Arkana VIII trägt die Lorbeeren jedoch nicht nur auf dem Haupt, sondern auch als Gürtel um die Hüfte, und auch hier sind wieder rote Rosen, das Symbol für den sich seiner selbst BEWUSST werdenden bzw. – in entfaltetem Zustand – sich seiner Selbst bewusst *seienden* Menschen mit eingeflochten.

Über dem Haupt unserer schönen Löwenbändigerin schwebt eine liegende 8 (sicherlich einer der Gründe, warum der Golden Dawn-Orden dieser Karte die Nummer 8 zugeordnet hat) – die Lemniskate – Symbol für die **Unendlichkeit**, des »wie oben, so unten«. Die 8 strahlt **Rhythmus**, **Kraft und Frieden** aus und mit genau diesen Attributen beschenkt uns denn auch ein geöffnetes, frei schwingendes Energieschloss 8!

Die 8 stärkt die **Intuition** und ermöglicht inneren **Frieden**.

Auf körperlicher Ebene hilft das Strömen von Energieschloss 8 generell bei **Muskelproblemen**, wie z. B. **Wadenkrämpfen** und allgemein bei **Muskelverspannungen**, auch dies übrigens ein Bezug zur Nierenenergie der 4. Tiefe, wobei hier die Verbindung nicht über den Stromverlauf, sondern vielmehr über das Seelentor am Solarplexus mit seiner Bedeutung von Macht und Stärke zu finden ist.

Ebenso wie Energieschloss 6 hilft auch Energieschloss 8 durch seinen Bezug zur Nierenenergie und zum **Becken** sämtlichen Fortpflanzungsprojekten sowie Nieren- und Blasenprojekten, wie Blasenentzündung und Harnleiterentzündung.

Energieschloss 8 »öffnet« das Becken und ist dadurch auch als **»Hebammengriff«** zur Erleichterung des **Geburtsvorganges** bekannt. In dem Fall wird Energieschloss 8 natürlich wieder nicht von der betroffenen Frau, sondern z. B. dem Partner liebevoll geströmt (siehe Strömanleitung rechts).

Durch den Bezug zum Becken hilft Energieschloss 8 außerdem bei **Beckenschiefstand**. Es ist außerdem hilfreich gegen **Hämorrhoiden** ebenso wie Rissen in der Scheidenhaut und Scheidenpilz. Da es das Becken öffnet, hilft das Strömen von Energieschloss 8 vor allem auch Frauen, sich der körperlichen Liebe zu öffnen!

**Energieschloss 8 gilt als Energieschloss »zur Ermöglichung von Wundern«.**

Wenn Du also einmal aus ganzem Herzen auf ein »Wunder« hoffst (zum Beispiel auch das Wunder der Schwangerschaft, wenn Ärzte Dir keine Hoffnung mehr machen) – wobei doch das Leben an sich selbst ein Wunder ist(!) – dann ströme Dir für einige Zeit regelmäßig täglich Energieschloss 8, und lass die Energie einfach für Dich arbeiten ...

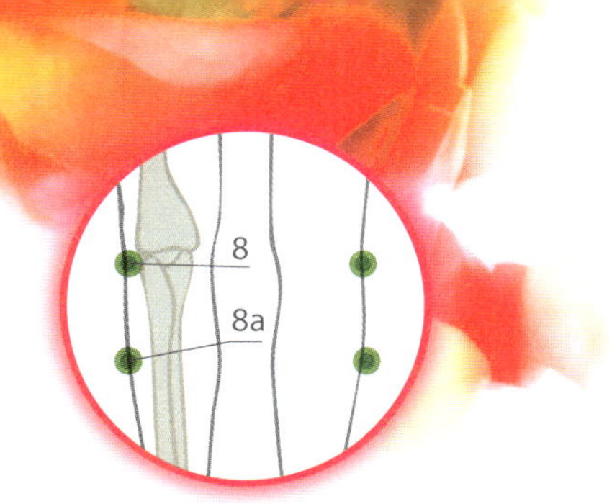


# Strömen von Energieschloss 8

Setze Dich am besten mit angewinkelten Beinen bequem hin. Ströme das rechte Energieschloss 8 mit den Fingern der rechten und das linke Energieschloss 8 mit den Fingern der linken Hand (siehe Foto Seite 88).

Um jemand anderem Energieschloss 8 zu strömen, tust Du das am besten, während die andere Person liegt. Eventuell kann der/die Empfangende die Beine anwinkeln. Dann legst Du einfach sanft die Finger Deiner rechten Hand auf deren linkes Energieschloss 8 und die Finger der linken Hand auf deren rechtes Energieschloss 8.

**Anmerkung:** Energieschloss 8a (siehe Tabelle Seite 252) hat eine ähnliche Wirkung und Bedeutung wie Energieschloss 8 und wird bei bestimmten Energieströmen, wie z. B. dem Magenstrom, geströmt.

## Energieschloss 9

# DER ABSCHLUSS DES ALTEN IST DER BEGINN DES NEUEN

Von Energieschloss 8 an der Außenseite der Kniekehle strömt die Energie weiter die Beine und den Rücken hinauf zum unteren Ende des Schulterblattes, zur Wirbelsäule hin.

Energieschloss 9 ist der Abschluss des Alten und dabei immer auch gleich der Beginn von etwas Neuem. Mit der 9 vollenden wir einen Zyklus, mit der 9 gehen wir in die »geistigen Gefilde« ein, stehen sozusagen im wahrsten Sinnes des Wortes »über der Materie, dem Irdischen«.

Und genau dies symbolisiert die große Arkana-Karte IX, denn sie zeigt einen greisen Mann in Mönchskutte, den Eremiten, **»Der Eremit«**, auf einem Gebirge stehen.

Im Gegenzug zu unserer schönen Löwenbändigerin der vorhergehenden Karte, die sich inmitten einer fruchtbaren, grünen Landschaft, inmitten hell-goldenen Lichtes, inmitten des üppigen irdischen Seins befand, befindet sich unser Eremit, befinden WIR uns mit der Nummer 9 nun im vollständigen Rückzug von der Üppigkeit irdischen Seins.

Wir haben den Berg sozusagen erklommen, haben einen Zyklus vollständig durchlaufen und sind nun bereit, weiter aufzusteigen, die Leiter des Lebens weiter innerhalb eines neuen Zyklus zu erklimmen.

Doch wie immer, wenn etwas Neues beginnt, wenn ein neuer Lebensabschnitt beginnt, eine neue Aufgabe auf uns wartet, ist es notwendig, vorher inne-zu-halten, in-sich-zu-gehen, das Geschehene passieren zu lassen, um zu entscheiden, wie es weitergehen soll bzw. wohin die Reise als Nächstes führen soll.

Bei seiner Entscheidung, seinen Entscheidungen verlässt sich der Eremit einzig und allein auf sein »inneres Licht«, seine **Intuition**, dargestellt durch die hell leuchtende Lampe in der rechten Hand des Eremiten, den einzigen wirklich hellen Bereich auf der Großen Arkana-Karte IX, dem Weg-Weiser des Eremiten bzw. Deines Weg-Weisers!

Nachdem der Suchende, nachdem Du(!), einen oder mehrere Zyklen Deines Lebens durchlaufen hast, spürst und *weißt* Du, dass der einzig wahre Weg-Weiser und »Beantworter aller Fragen«, DU SELBST bist! Dein hohes Selbst, Deine zwischen Wahrheit und Wirklichkeit vermittelnde SEELE wird Dich – sofern Du es ihr erlaubst, und Dich nicht durch Dein Ego oder irdische Versuchungen und Ablenkungen davon abhalten lässt – IMMER auf dem für Dich von Dir selbst(!) vorbestimmten Weg geleiten bzw. Dich wieder darauf zurückführen, solltest Du von diesem – Deinem(!) Weg – einmal abgekommen sein!

Die 9 (IX) also ist Abschluss, ist **Ende**, und wie so oft, wenn im Leben etwas zu Ende geht, ist dies auch mit Trauer verbunden.

Energieschloss 9 hilft bei **Trauer**. Das Strömen von Energieschloss 9 bzw. von Energieschloss 19 als »Ersatz-Energieschloss« (siehe Strömanleitung Seite 93) hilft bei Problemen mit der **Atmung** wie z. B. **Husten, Asthma, Erkältungen, Heuschnupfen** und generell allen **Lungenproblemen.**

Diejenigen Leser, die sich mit den in meinem Buch »Der Mond und der kosmische Code der Schöpfung« sowie dem Mondkalender »Der besondere Mondkalender. Gesundheit in deiner Hand« beschriebenen Tiefen (Seinsebenen) auskennen, wissen, dass Trauer die negative Emotion der 2. Tiefe ist, deren Organenergien wiederum die Lunge und der Dickdarm sind. Energieschloss 9 ist eng mit beiden Organenergien verbunden bzw. wirkt harmonisierend sowohl auf die **Lunge** als auch auf den **Dickdarm**. Wenn Menschen scheinbar »grundlos« weinerlich sind oder auch, wenn sie einen geliebten Menschen oder Begleiter verloren haben, ist Energieschloss 9 ein wunderbarer Helfer. Oder auch, wenn die Nahrung im Darm sich nicht bewegt, wenn der Dickdarm verkrampft ist.

Und – so wie alle Energieschlösser, hilft auch Energieschloss 9 dem Bereich am Körper, an dem es sich befindet. Bei Energieschloss 9 ist dies der mittlere **Rücken**, die Harmonie der Mitte – wie wir wissen – immer auch die Voraussetzung für die Harmonie des »Oben und Unten« ist. Ist die Mitte blockiert, kann die Energie der Brust nicht nach unten strömen bzw. kann die Energie aus den Beinen nicht den Rücken hinauffließen.

Der **Blutdruck** ist ein weiterer Bereich, der von der Harmonie von Energieschloss 9 abhängt. Ganz gleich, ob Du einen zu niedrigen, oder einen zu hohen Blutdruck harmonisieren möchtest, Energieschloss 9 bzw. dessen »Ersatz-Energieschloss« 19 wird immer harmonisierend helfen, d. h. ein zu hoher Blutdruck wird niemals durchs Strömen noch höher werden. Das Öffnen der Energieschlösser bzw. Strömen allgemein wirkt IMMER harmonisierend, d. h. ausgleichend, zurück in die Balance führend, was einer der großen Pluspunkte dieser Heilkunst ist, denn im Gegensatz zu manch anderen »Heiltechniken« bei denen man erst entscheiden muss, ob es ein »zu viel« oder »zu wenig« an Energie gibt, wirkt das Strömen und Einstimmen IMMER ausgleichend!

Energieschloss 9 hilft auch bei Problemen mit den **Füßen**, wie z. B. bei **Verstauchungen**, ja sogar bei **Hühneraugen** und **Hornhaut**.

Zusammenfassend lässt sich sagen, dass Energieschloss 9 ein wundervoller Freund und Helfer ist bei **Trauer** und bei allen **Abschlüssen** sowie bei **Neubeginn!**

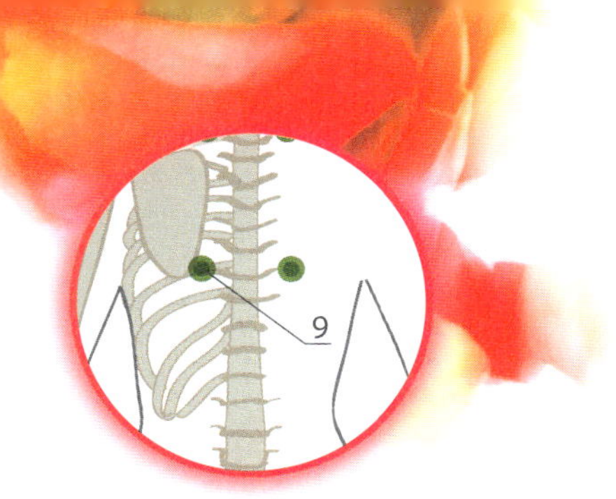


## Strömen von Energieschloss 9

Auf Grund seiner Lage am Rücken ist Energieschloss 9 für weniger gelenkige Menschen nicht leicht zu erreichen.

Solltest Du es dennoch erreichen, lege die Finger Deiner rechten Hand auf das rechte Energieschloss 9 und die Finger Deiner linken Hand auf das linke Energieschloss 9.

Als Ersatz-Energieschloss kannst Du – wie oben bereits erwähnt – Energieschloss 19 im Ellenbogen strömen. Hierzu legst Du einfach die Finger Deiner linken Hand auf die Daumenseite Deiner rechten Ellenbeuge und die Finger Deiner rechten Hand auf die Daumenseite Deiner linken Ellenbeuge (siehe Foto Seite 94).

Um einer anderen Person Energieschloss 9 zu strömen, legst Du einfach die Finger der rechten Hand auf deren rechtes Energieschloss 9 und die linken Finger auf das linke Energieschloss 9 (siehe Foto Seite 95).

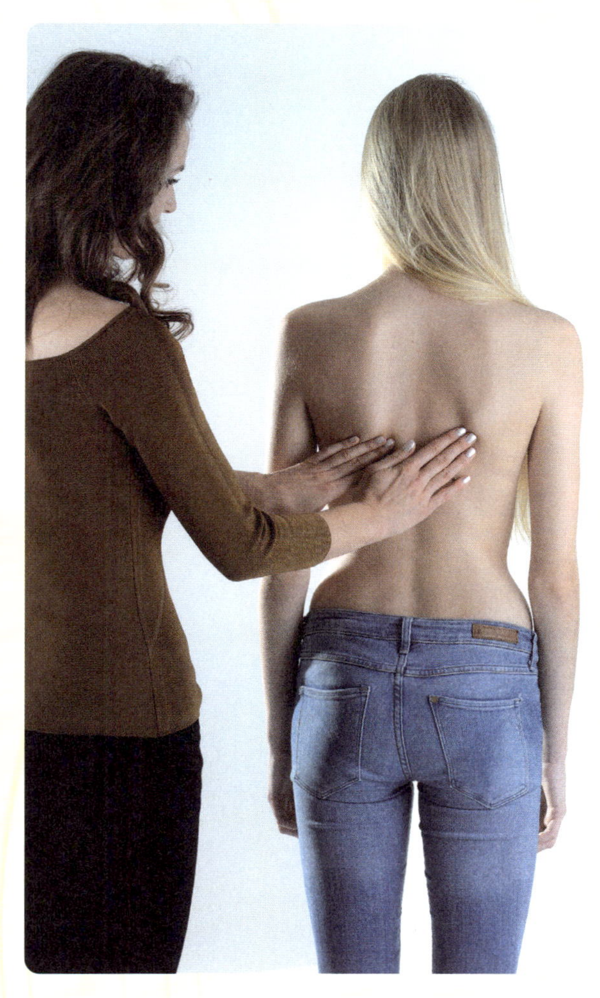

# Energieschloss 10
# VOLLKOMMENE LEBENSKRAFT

Das **»Rad des Schicksals«**, die große Arkana-Karte X ist die Stufe, die dem »Abschluss« der 9, dem Eremiten, folgt.

Hat die 9, der Eremit, seinen Zyklus beendet, folgen nun mit der 10 die Ent-Scheidungen der X, des Lebens- bzw. Schicksalsrads.

Wie alle Rider-Waite-Karten des Großen Arkanums, ist auch die Große Arkana X von großer Symbolik durchzogen.

Den zentralen Mittelpunkt bildet das Lebens- bzw. Schicksalsrad mit der hebräischen Aufschrift Tora (von oben gelesen) bzw. Rota (von unten gelesen) und GOTT.

Das hebräische Wort *Torah* ist das Gesetz, der Gesetzgeber. *Rota* ist das Rad (tora-rota-taro) bzw. der Zyklus – das Lebensrad in Gottes Hand!

Die vier geflügelten Gestalten in den Wolken um das Rad herum repräsentieren zum einen die immer wieder auftretende Symbolik der 4 Elemente des Zodiaks bzw. der 4 Fixpunkte des Zodiaks, Stier (Element Erde), Löwe (Element Feuer), Skorpion (Element Wasser) und Wassermann (Element Luft).

Rider Waite jedoch leitete die Symbolik in erster Linie ab von der Kundgebung des Propheten Ezekiel im Jahre 597 vor Christus. Ezekiel erschien Gott in einem von vier geflügelten Wesen gezogenen Gespann, dargestellt durch die 4 geflügelten Wesen auf unserer Karte X:

RAD des SCHICKSALS

Dem geflügelten Menschen, Sinnbild für den Evangelisten Matthäus, dem geflügelten Stier, Sinnbild für den Evangelisten Lukas, dem geflügelten Löwen, Sinnbild für den Evangelisten Markus sowie dem geflügelten Adler, Sinnbild für den Evangelisten Johannes.

Im Bereich des Buchstabens O der Großen Arkana X sehen wir eine Schlange mit dem Kopf nach unten, zur Erde kriechend. Die Schlange symbolisiert das griechische Monster Typhon, welches sich auf einen Krieg mit den Göttern einließ und das Böse auf die Erde herabbrachte bzw. bringt.

Die Sphinx mit dem Schwert auf dem Buchstaben T des Rades, balanciert bzw. wacht über das Schicksal, welches nicht der Teufel (unten am Rad), sondern immer WIR selbst in der Hand haben.

Schick-Sal ist das, was die SEELE bzw. wir selbst uns *durch* die SEELE schicken (Sal von Seele, schick = schicken).

Die Große Arkana X bzw. die Schwingung der 10 allgemein, entscheidet, *wie* wir den vorhergehenden Zyklus gelebt und genutzt haben. War dieser Zyklus im Einklang mit dem von unserer Seele vorhergesehenen Weg, wird der mit der 10 nun folgende Zyklus Dir das bringen, was wir allgemein als »Glück« bezeichnen. Entsprach der vorangehende Zyklus hingegen nicht der Wahrheit Deiner SEELE, wird diese (Sal) Dir Dinge und Begebenheiten schicken, die Deinen von Dir selbst bestimmten Weg korrigieren und wieder in die richtige Bahn lenken.

Die 10 ist das das gesamte Potential des Lebens enthaltende Rad des Lebens, der Zodiak. Sie ist die vollkommene Lebenskraft, die wir leben und ausdrücken durch unser **Herz** ebenso wie durch unsere **Stimme**.

Energieschloss 10 liegt auf einer Höhe wie das Herz und ist das wichtigste Energieschloss zu dessen Harmonisierung. Da wir selbst Energieschloss 10 kaum strömen können, haben wir auch hier (wie bereits bei Energieschloss 9 die 19) die Möglichkeit, ein »Ersatz-Energieschloss« zu nutzen. Für Energieschloss 10 ist dies die 19a, circa eine Handbreit oberhalb Energieschloss 19.

Bei jeder Art von **Beklemmungsgefühlen im Herz- bzw. Brustbereich** kann Energieschloss 19a, als Ersatz-Energieschloss für Energieschloss 10 überkreuzt gehalten (siehe Strömhinweise zu Energieschloss 10 unten), von größter Hilfe sein. Es harmonisiert Beklemmungsgefühl ebenso wie **Panikattacken** und hilft – wie auch schon Energieschloss 9 bzw. 19 – zur Normalisierung des Blutdrucks.

Wie sämtliche direkte und indirekte Harmonisierungsgriffe für das Herz hilft Energieschloss 10 (bzw. 19a als Ersatzgriff) auch bei **Kreislaufproblemen**.

Auf Grund seines Bezuges zum Brustkorb gilt Energieschloss 10 als wichtigster **Stimm-Helfer für Sänger**.

Energieschloss 10 (bzw. dessen Ersatz-Energieschloss 19a) unterstützt und stärkt die Stimme und wirkt heilsam und harmonisierend z. B. bei **Stottern** und **Kehlkopfentzündung**.

Generell lässt sich sagen, dass Energieschloss 10 eines – wenn nicht DAS – wichtigste **Vitalisierungsenergieschloss** ist, und auch fördernd wirkt auf die **sexuelle Kraft**.

**Depressionen** haben immer auch einen Bezug zur Herzkraft. Energieschloss 10 vitalisiert das Herz und hilft somit auch gegen Depressionen und Schwermütigkeit. Es transformiert Kraftlosigkeit in von Freude getränktes vitales Sein und wirkt auch vorbeugend bei und ausgleichend nach **Schlaganfall**!

**Knieprobleme** haben übrigens auch nicht selten mit Stauungen im Brustbereich zu tun, so dass das Strömen von Energieschloss 10 (bzw. dessen Ersatz-Energieschloss 19a) auch hilfreich ist bei jeder Art von Knieproblemen!

Wann immer Du Dich körperlich oder geistig eingeengt fühlst oder das Gefühl hast, nicht »richtig durchatmen zu können«, kreuze die Arme vor Deiner Brust und ströme Energieschloss 19a als Ersatz-Energieschloss für Energieschloss 10 am Rücken ...

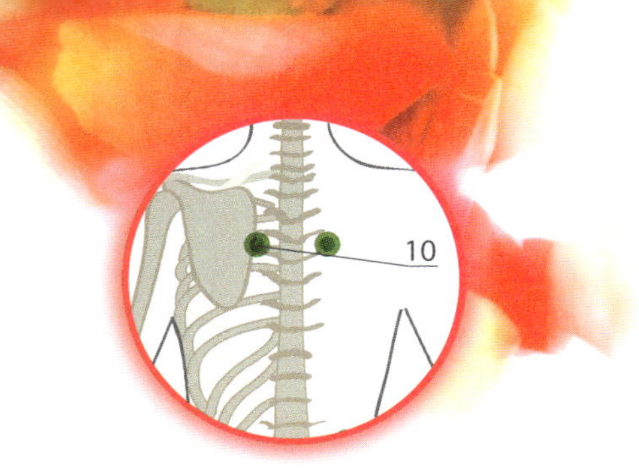


# Strömen von Energieschloss 10

Um jemand anderem Energieschloss 10 zu strömen, legst Du einfach die Finger Deiner rechten Hand auf dessen rechtes Energieschloss 10 und die Finger der linken Hand auf dessen linkes Energieschloss 10 (siehe Foto Seite 101).

Um Dir Energieschloss 10 selbst zu strömen, umfasse den linken Oberarm (linkes Energieschloss 19a) mit Deiner rechten Hand und Deinen rechten Oberarm, Dein rechtes Energieschloss 19a, mit Deiner linken Hand (siehe Foto Seite 102).

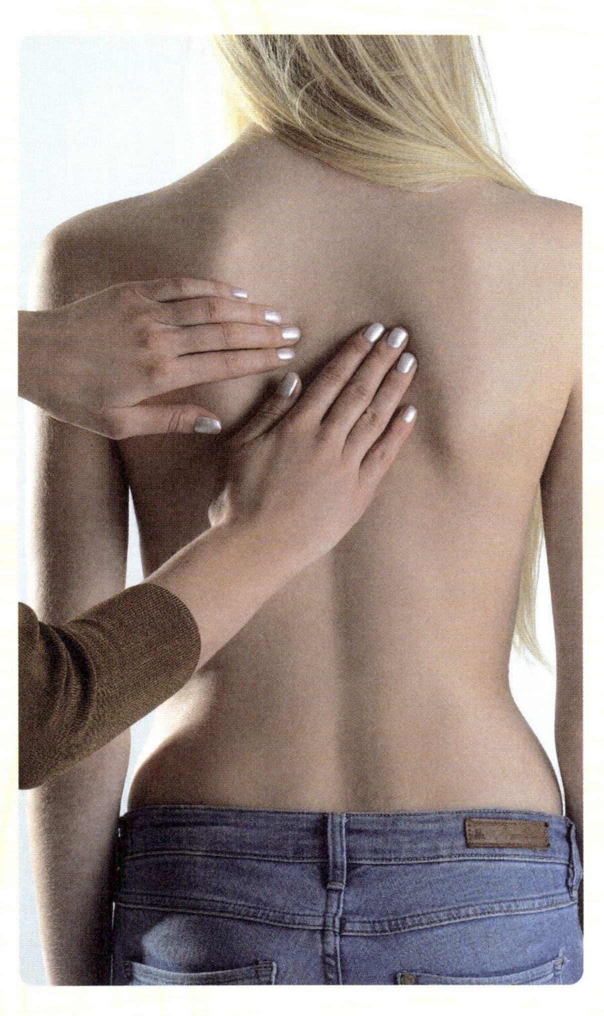

## Energieschloss 11

# GERECHTIGKEIT ENTLADEN ALTEN BALLASTS

Die 11 – welch kraftvolle und verantwortungsvolle Schwingung und Aufgabe!

**Energieschloss 11 liegt auf den Schultern**, wo Schulter und Hals zusammentreffen.

Es ist der Bereich, an dem Menschen mit Uniformen in der Regel ihre »Abzeichen« tragen – der Status eines Menschen wird »auf den Schultern« getragen.

Es ist jedoch nicht nur der Status, der hier (zur Schau) »getragen« wird. Sämtliche »Lasten« des Lebens »wiegen« und belasten die Schultern. Trauer und scheinbar unüberwindbare Aufgaben lassen die Schultern nach vorne hängen, ziehen den ganzen Menschen »nach unten«.

Stress versteift die Schultern, verhärtet den Nacken, beeinträchtigt die Bewegung der Armen, beeinträchtigt das ganze Leben!

Energieschloss 11 ist der **Leber** zugeordnet und hat gleichzeitig einen starken Bezug zu den **Nieren**. Und – so wie die Leber als Zentrum der Emotionen des Menschen gilt und – ebenso wie die Nieren – eines der wichtigsten Entgiftungsorgane des Menschen darstellt – so kommt auch Energieschloss 11 eine – wenn nicht sogar DIE – Schlüsselrolle innerhalb der 26 Energieschlösser des Menschen zu.

**Energieschloss 11 gilt als Generalschlüssel für alle Energieschlösser.**

Sind die Schultern frei, können wir mit uns – unserem hohen Selbst – und der Welt kommunizieren. Fast alle Energieströme durchströmen entweder direkt die Schultern oder aber sie haben indirekt einen Bezug zu den Schultern, was praktisch bedeutet:

Wenn wir Energieschloss 11 strömen und »öffnen«, erreichen wir damit den gesamten Körper, **sämtliche Körperfunktionen**. Energieschloss 11 regt die **Nieren** an, unterstützt die **Entgiftung der Leber** und ermöglicht dem Energiestrom den Wechsel von Auf (den Rücken hinauf) nach Ab reibungslos zu vollziehen und den Vorderkörper wieder hin-Ab zu strömen. (Siehe hierfür auch insbesondere die Energieschlosskombination unter Strömanleitung auf Seite 107.)

Die der Nummer 11 zugeordnete Große Arkana ist die Karte der **»Gerechtigkeit«**.

Bei der Besprechung der Großen Arkana VIII, »Stärke«, hatte ich die Karte XI bereits erwähnt, da die Entscheidung, die 11 der »Gerechtigkeits-Karte« zuzuordnen, bewusst von Arthur Waite gemäß der Umstellung durch den Golden-Dawn-Orden, vorgenommen wurde.

Als ich vor Jahren von einer sogenannten Erdfrau[24] im Dschungel von Trinidad in deren Geheimnisse eingeweiht wurde, sagte sie mir – ohne meines Wissens über die Bedeutungen der Großen Arkana Bescheid zu wissen – über die 11 bzw. über Menschen, die an dem 11. Tag eines Monats geboren sind Folgendes:

*Die 11 steht für Schwärze und Richten. 11er Menschen sind die Einzigen, die Schwarz tragen dürfen, ohne dass es ihnen Unglück bringt!*

Die in leuchtendem Rot gekleidete Frau auf unserer Großen Arkana XI repräsentiert das karmische Gesetz bzw. das Auflösen von Karma (repräsentiert durch das Schwert in der rechten Hand[25] der weiblichen Figur).

Die leuchtend-rote Farbe des Gewandes repräsentiert irdische Macht, die jedoch der Balance bzw. der Harmonie (das Grün auf den Schultern der Figur) mit und durch das geistige Prinzip (die goldene Krone auf dem Haupt der »Richterin«) bedarf.

Zwischen den beiden Säulen, dem Tor zwischen den Welten, dem Tor zum geistigen Licht der 7. Tiefe, innerhalb derer (der Säulen) die weibliche Figur auf einem steinernen Sockel sitzt, spannt ein purpurner Vorhang vor dem gelb-goldenen Licht des Hintergrunds.

---

[24] *Erdfrau, diese Frau lebte mehrere Jahre lang völlig zurückgezogen und ohne jeglichen Kontakt zur Zivilisation im Regenwald. Während dieser Zeit völliger Zurückgezogenheit in der Natur empfing die Erdfrau spirituelle Eingebungen, die sie mir während eines Besuches mitteilte.*

[25] *Rechts von der Figur auf der großen Arkana-Karte aus gesehen.*

Purpur ist die Farbe der Kreativität und Mystik. Sie drückt Würde aus, versinnbildlicht als liturgische Farbe jedoch auch Buße.

Die Aufgabe der 11 ist es, die **Balance** zu halten, dargestellt durch die Waagschalen in der – von der Figur aus gesehen – linken Hand der »Richterin«.

Die Balance zwischen den Welten, der »Wirkung der Wahrheit« und ihrem Ursprung, der WAHRHEIT, zwischen irdischem »Wollen« und geistigem Impuls.

Energieschloss 11 kannst Du immer dann strömen, wenn Du das Gefühl hast, dass Dir in Deinem Leben »alles zu viel wird«.

Es wird Dir helfen, los-zu-lassen, nimmt die Bürde von übermäßiger Verantwortung, lässt Dich wieder frei atmen und hilft – auch hier wieder u. a. durch den Bezug zur Leber- und Nierenenergie – bei sämtlichen Problemen mit dem **Hormonhaushalt**.

Und – so wie die Schultern immer einen Bezug zu den Armen und Fingern haben, ganz einfach deshalb, weil die Arme »aus den Schultern hervorgehen« bzw. das Blut aus den Schultern in die Arme strömt, hilft das Strömen von Energieschloss 11 auch generell bei Problemen mit den **Armen**, **Ellenbeugen**, **Handgelenken und Fingern**.

Energieschloss 11 harmonisiert die **Angst** und macht den **Kopf frei**. Es ist eines der beliebtesten und wirkungsvollsten Energieschlösser, um die Last und den Stress des Alltags abzugeben – abzugeben in den ewigen, sich immer wieder transformierenden und erneuernden Energiestrom des Lebens!

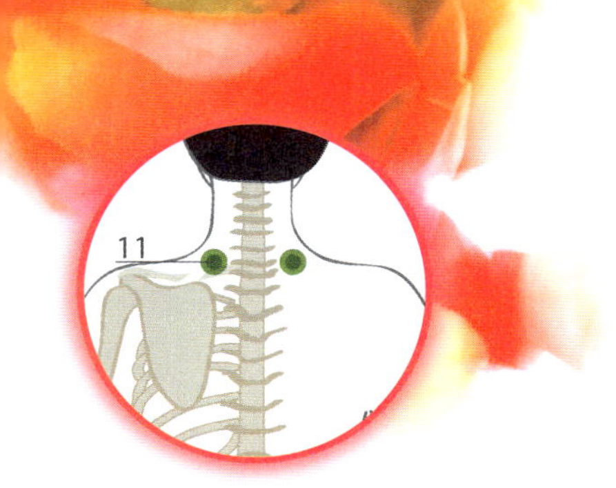


## Strömen von Energieschloss 11

Zum Strömen von Energieschloss 11 legst Du am besten Deine rechte Hand über Deine linke Schulter und die linke Hand über die rechte Schulter oder aber die Finger Deiner rechten Hand auf das rechte Energieschloss 11 und die Finger Deiner linken Hand auf das linke Energieschloss 11 (siehe Foto Seite 109).

Besonders wirkungsvoll für die Harmonisierung von **Hormonproblemen** ist folgender Griff: Lege die Finger der rechten Hand auf die linke Schulter (Energieschloss 11, wobei Du damit meist auch Energieschloss 3 mitströmst) und bilde dabei gleichzeitig mit dem linken Daumen und dem Ringfinger einen Ring, indem Du den linken Daumen auf den linken Ringfingernagel legst (siehe Foto Seite 110). Für die andere Seite wechselst Du entsprechend Deine Hände, also linke Hand auf rechte Schulter, gleichzeitig den Daumen der rechten Hand auf den rechten Ringfingernagel.

Um die **Entgiftung** und den **Lymphfluss** durch den Strom des Auf- und Absteigens der Energie besonders anzuregen, kannst Du Energieschloss 11 auch wunderbar in Kombination mit Energieschloss 25 (regt den absteigenden Energiefluss die Körpervorderseite hinab an) und/oder Energieschloss 15 (für den aufsteigenden Strom den Rücken hinauf) anwenden.

Hierzu legst Du Deine rechte Hand wie gehabt über die linke Schulter. Gleichzeitig schiebst Du Deine linke Hand unter Dein linkes Gesäß (Energieschloss 25). Verbleibe etwa 10 Minuten in dieser Stellung, dann wechsele mit Deiner linken Hand auf Dein linkes Energieschloss 15 in der Leiste. Die rechte Hand bleibt derweil auf dem linken Energieschloss 11 liegen. Für die andere Seite kehrst Du die Sequenz einfach um bzw. wechselst Du die Hände ... (siehe Fotos Seite 111 und 112).

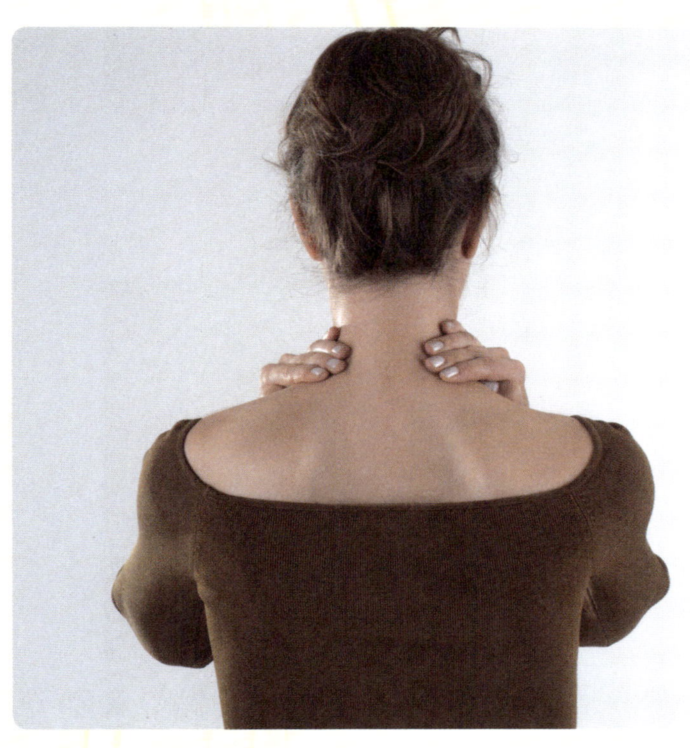

*Energieschlosskombination:*
*Energieschloss 11 und Energieschloss 15*

*Energieschlosskombination:*
*Energieschloss 11 und Energieschloss 25*

## Energieschloss 12

# Nicht *mein* Wille, sondern DEIN Wille geschehe!

Die 12 – welch bedeutsame Zahl. 12 ist die Zahl der Schöpfung, der 12 Schöpfungskräfte der SEELE, des Zodiaks (Tierkreises) und seiner 12 Tierkreiszeichen. 12 ist die sich ihrer Selbst *bewusst* gewordene 3, denn die 12 (Quersumme 3) ist die 3, die sich/ihr Potential durch die 4 (Elemente, das Kreuz auf der großen Arkana-Karte XII(!)) *erkannt* hat!

Die 12 hat die 4, das Kreuz, die Wirk-lichkeit, gemeistert, sie sieht sie, die »Wirkung der Wahrheit«, aus einem anderen *Blickwinkel,* sie erkennt sie aus der Wahrheit, der Quelle heraus, dargestellt durch den goldenen Kreis um das Haupt des am Kreuz der Großen Arkana XII hängenden Mannes.

Die große Arkana-Karte XII, **»Der Gehängte«** offenbart ihre große und wahre Bedeutung also erst auf den zweiten Blick.

Erscheint sie in einem Karten-Bild, zucken viele erst einmal ängstlich zusammen, denn wer möchte auch schon »aufgehängt« sein?

Für mich ist die Große Arkana XII jedoch, wie die Zahl und das Energieschloss 12 an sich, eine der faszinierendsten und symbolträchtigsten Karten bzw. Zahlen überhaupt.

Im Grunde verkörpert diese Arkana in ihrer Einfachheit den in meinem Buch »Der Mond und der kosmische Code der Schöpfung« beschriebenen kosmischen Code der Schöpfung, denn das Bild zeigt uns alle drei Zahlen des Codes: Die **3** erkennen wir in dem angewinkelten Bein des Gehängten, die **4** mit dem Potential der Erfüllung der Wahrheit erkennen wir durch das Kreuz mit den sprießenden, grünen Blättern, dem neuen Leben, und die **12**, das erfüllte Potential, ist der Heiligenschein bzw. der »veränderte, erweiterte Blickwinkel« des Gehängten sowie natürlich die Zahl der Großen Arkana selbst, die 12 bzw. XII.

Zur 12 gehört immer auch die 4 dazu, und diese Tatsache zeigt uns sogar unser Energieschloss 12 durch seine Lage, denn es befindet sich im Nacken, links und rechts neben dem **4.**(!) Halswirbel.

Ich erinnere mich noch, wie ein Arzt mir vor Jahren sagte, dass der 4. Halswirbel von besonderer Bedeutung sei, denn wenn der 4. Halswirbel bricht, ist das besonders tragisch.

Gemäß der planetaren Zuordnung ist der 4. Halswirbel der **Sonne** zugeordnet.

Ist das nicht faszinierend? Energieschloss 12 liegt direkt »auf seinem Schlüssel« bzw. hat den Schlüssel direkt bei sich, genau so, wie es im Schöpfungscode ja auch der Fall ist, denn die 12 (Tierkreiszeichen) und die 4 (Elemente) sind ja ebenso untrennbar verbunden, wie es die 3 (der Schöpfungsfunke) und die 12 (der sich seiner selbst *bewusst* gewordene Funke) sind.

Die 12 ist die Aufforderung, sich für das universelle Denken zu öffnen und die Realität als das zu erkennen, was sie ist: als vergängliches Produkt der WAHRHEIT!

Und – so wie die Zahl 12 dazu mahnt, sich der eigenen Wahrheit zu öffnen, so hilft das Strömen von Energieschloss 12 bei **»Halsstarrigkeit«** und **Egozentrik**.

Bei Menschen, die immer meinen, Recht zu haben bzw. Recht »haben zu müssen« staut sich die Energie oftmals im Nacken, was dann zum berühmten »Stier-Nacken« führen kann. Energieschloss 12 schafft hier Abhilfe, entspannt den **Nacken** (hilft auch bei **Schleudertrauma**), die **Schultern** und das »Nicht-loslassen-können«.

Energieschloss 12 ist ein starker Helfer gegen die **Angst** (die Angst, die einem im Nacken »sitzt«), lässt sie förmlich »dahinschmelzen«, wenn Du Energieschloss 12 mit den Fingern nach unten (zum Steißbein zeigend) strömst und dabei gleichzeitig die andere Hand unters Steißbein legst. Dieser Griff aktiviert den Blasenstrom, welcher – neben dem Nierenstrom – der wichtigste Energiestrom zur Harmonisierung von Angst und **Panik** ist!

Tatsächlich ist es so, dass Energieschloss 12 eines der wichtigsten Energieschlösser zur Harmonisierung von psychosomatischen Symptomen wie Angst, aber auch **Aggressionen** und sogar kriminellem Verhalten ist.

Hierbei wirken das linke und das rechte Energieschloss 12 leicht unterschiedlich: Das Strömen des linken Energieschlosses 12 hilft besonders gut zur Harmonisierung von Aggressionen, das rechte hilft bei Depressionen!

Das **linke** Energieschloss **12** harmonisiert **Aggressionen**.
Das **rechte** Energieschloss **12** hilft bei **Depressionen!**

Das Öffnen von Energieschloss 12 hilft Menschen, die zu **Selbstmordgedanken** neigen. Es öffnet den Blick nach oben, zur Quelle, und wann immer wir wieder »klar sehen« können, klären sich auch **Ängste**, **Verzweiflung und Trauer**, die uns belasten.

Auf körperlicher Ebene hat Energieschloss 12 einen Bezug zur **Taille** und zur **Leber**.

Die Leber ist die Schlüsselenergie für das Fische-Tor, und die Fische gelten in der westlichen Astrologie als 12. Zeichen!

Das 12. Zeichen, ebenso wie der 12. Schöpfungsschritt, sind immer schon der Beginn eines Neuen, einer »neuen 3«, die sich inkarnieren bzw. *erkennen* will.

Hat die 12 bzw. der Mensch sich erkannt *durch* die 12, dann ist der

»Mensch zum Herrschen befähigt!«

Mit ähnlichen Worten hatte mir die Erdfrau, Schamanin im Regenwald von Trinidad, die Bedeutung der 12 bzw. der 12er Menschen erläutert, denn sie sagte: »Ein 12er Mensch ist ein König, geboren, um zu herrschen und zu führen!«

Das Strömen bzw. Öffnen von Energieschloss 12 befähigt Dich, Herrscher zu werden über Dein Leben. Es ermöglicht Deiner SEELE die Führung über Dein Ego zu übernehmen (nicht mein, sondern DEIN Wille geschehe!).

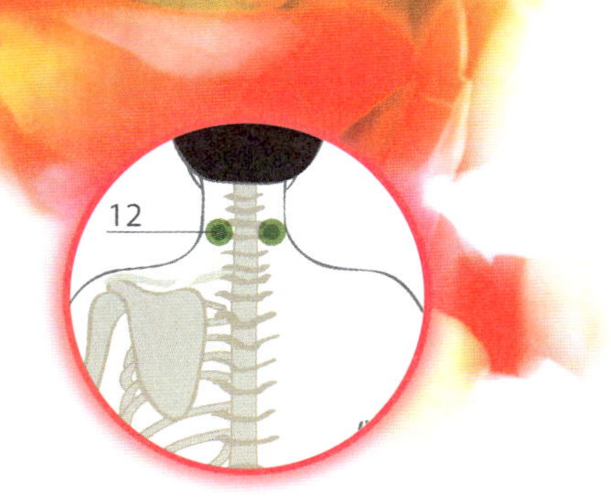


# Strömen von Energieschloss 12

Lege die Finger(spitzen) Deiner rechten Hand auf das rechte Energieschloss 12 und die Finger(spitzen) Deiner linken Hand auf das linke Energieschloss 12.

Als alternativen 12er Strömgriff lege die Finger(spitzen) Deiner rechten Hand von hinten auf das linke Energieschloss 12, indem die Finger nach unten, in Richtung Steißbein zeigen. Lege Deine linke Hand gleichzeitig unter das Steißbein. Für die andere Seite wechselst Du einfach die Hände, also die Finger Deiner linken Hand auf das rechte Energieschloss 12 (Finger zeigen nach unten), und die rechte Hand auf das Steißbein. Wie oben bereits erwähnt, hilft der **linke** Griff zur Harmonisierung von **Aggressionen**, während der **rechte** Griff eine wirkungsvolle Hilfe gegen **Depressionen** ist (siehe Foto Seite 118)!

Als Meditation während des Strömens von Energieschloss 12 eignet sich folgender Satz:

Ich BIN die WAHRHEIT die ich geboren bin zu SEIN!

## Energieschloss 13

# LIEBE Deine Feinde

Die 13 – welch kraftvolle und dabei so missverstandene Zahl!! Was macht die 13 so »besonders«, warum haben Menschen vor dieser Zahl einen natürlichen Respekt, manchmal sogar Angst?

Man denke nur an das Märchen Dornröschen, wo die 13. Fee das Unheil brachte ... oder an den Aberglauben mit Freitag, dem 13. ...

Die 13 ist als Primzahl nur durch eins und sich selbst ohne Rest teilbar, und – sie überschreitet das geschlossene Zwölfersystem und damit »scheinbar« die Vollendungszahl des kosmischen Codes der Schöpfung ...

... ich sage bewusst »scheinbar«, weil die 13 in ihrer Quersumme ja wieder die 4 ergibt, und in Wahrheit für den Beginn eines neuen Zyklus, einer neuen Reise durch die 4 Elemente steht ...

Für die Juden ist die 13 denn auch eine Glückszahl und ein Symbol Gottes. Gemäß jüdischem Kalender, welcher sich nach dem Mond richtet, fällt der Vollmond immer auf den 14. eines Monats – wenn der Vollmond auf einen Sabbat (Samstag) fällt, gilt dies als Glücksfall, wobei dann auch Freitag der 13. als sehr positiv angesehen wird! ...

Energieschloss 13 hat die Bedeutung »Liebe Deine Feinde«. Es sticht bereits durch seine »Lage« am Körper heraus, denn es liegt vorne am Brustkorb, ungefähr auf Höhe der dritten Rippe. Energieschloss 13 ist damit DAS Energieschloss des **Herzchakras**, es ist sozusagen das direkte Tor zum Herzchakra, welches wiederum als wichtigstes Chakra zur Heilung gilt.

Wenn wir unser Herzchakra öffnen, ermöglichen wir HEILUNG – immer! Heilung kann und wird geschehen, wenn wir uns selbst akzeptieren, oder genauer, wenn wir uns, unser Wahres Selbst ERKENNEN bzw. uns selbst *als* ewiges, vollkommenes, reines Licht, als vollkommenes Potential, erkennen.

Mit einem geschlossenen Herzchakra ist Heilung nicht möglich, denn ein geschlossenes Herzchakra ist immer eine Selbstverleugnung.

»Liebe Deine Feinde« – die Bedeutung von Energieschloss 13, bezieht sich somit in erster Linie nicht auf andere Personen, sondern vielmehr auf die (Wieder)-Entdeckung der Liebe für das ICH, das Wahre, über der Materie stehende ICH.

Energieschloss 13 ist die Energieschloss-Wahl Nr. 1 bei sämtlichen **schweren Erkrankungen**, wie **Krebs**, **Autoimmunkrankheiten**, **Lungen- und Herzproblemen** (bzw. -Projekten), Problemen in der **Schwangerschaft**, **Fruchtbarkeitsproblemen** (nicht schwanger werden können, Neigung zu Fehlgeburten, Steißlage des Babys, Beschwerden in der Schwangerschaft) sowie bei **Liebeskummer**, wobei auch Liebeskummer immer mit mangelnder Selbstliebe zu tun hat!

Es ist also die Selbstliebe, mit der wir uns durch das Strömen von Energieschloss 13 beschenken bzw. die wir (wieder)erkennen, und diese Selbstliebe ermöglicht dann Heilung und TRANSFORMATION, womit wir zur Bedeutung unserer **großen Arkana-Karte XIII, Der TOD**, kommen.

Sieh Dir die Große Arkana XIII einmal genau an ...

Der Tod, dargestellt durch den Skelett-Reiter in Rüstung, kommt auf einem Schimmel durch eine von einem Fluss durchzogene abwechslungsreiche Landschaft daher geritten ... auf dem Fluss gleitet ein Segelboot dahin – Symbol für die von einer Ebene zur nächsten gleitende SEELE ...

... neben dem Reiter auf dem Boden liegt ein in kostbarer Robe gekleideter Mann – ganz offensichtlich ein Fürst oder König, denn neben ihm – ebenfalls am Boden – liegen auch seine Krone und das Zepter, die Symbole irdischer = vergänglicher Macht!

Kniend am Boden vor dem Reiter – in offenbarer Demut und wohl auch Hoch-Achtung, befinden sich ein Knabe und ein Mädchen; der Knabe trägt einen Rosenkranz auf dem Haupte, das Mädchen hat ebenfalls Rosen in ihr Haar geflochten und zu ihrer linken Hand eine Rose neben sich liegend, sozusagen als »Gabe« für den Reiter, den Tod ...

... die Rosen, die uns in vorhergehenden Karten immer wieder begegnet sind und die das Symbol des sich entfaltenden bzw. entfaltenden Fünfsterns (bzw. Fünfblüte) sind – eben jenes kosmischen

Schöpfungssymbols, welches der Reiter an seiner Fahne selbst trägt!

Der Tod, das Sterben des sich mit der irdischen Vergänglichkeit identifizierenden Egos (symbolisiert durch die auf dem Boden liegende Krone und das Zepter) selbst gibt bzw. IST der Schlüssel zur vollkommenen Transformation!

*Um wahrhaft LEBEN zu können, muss der Mensch erst sterben ...*

Mit der fünfblättrigen Blüte an der Fahne haben wir – WIEDER – das Symbol für die Entfaltung des geistigen Potentials durch die 12 Kräfte der SEELE! ...

Man beachte auch den in prachtvoller, gold-gelber Robe gekleideten und den Reiter grüßenden, ja segnenden(!!), Geistlichen, gekleidet in denselben Farben, die wir in unserer Großen Arkana XIII wiederfinden am Horizont ... – hinter den beiden steinernen Säulen, dem Tor, eben jenem Tor, welches wir durchschreiten dürfen und werden, wenn wir alten und nicht mehr brauchbaren Glaubenssätzen erlauben zu »sterben« ... dem Tor zum über dem Ego stehenden WAHREN SELBST!

Wie immer, wenn wir es mit umwälzender Transformation zu tun haben, finden wir auch in der Zahl 13 bzw. in der Großen Arkana XIII die Verbindung, den Bezug zur Nierenenergie (Skorpion) – sowie zu deren Oppositionskraft Dickdarmenergie (Stier) ...

Energieschloss 13 ist dem Skorpion zugeordnet ... es ist die »Nabe des gegenwärtigen Lebensstils«, Energieschloss 13 ist das Tor zur Selbstliebe, zur **Heilung von Suchtproblemen** (Sucht = die Suche nach dem Selbst!) ...

... und, durch den Bezug zum Tierkreiszeichen Skorpion bzw. zur Nierenenergie, ist Energieschloss 13 auch eines der wichtigsten Energieschlösser zur Harmonisierung von **Angst, Furcht und Schuldgefühlen!**

Wann immer Dich Angst oder Panik überkommt, lege einfach sanft Deine Finger auf Energieschloss 13 wie unten angegeben und spüre, wie sich die Verhärtungen in Deinem Herzchakra lösen und dieses sich öffnet wie eine erblühende Rose ...

Energieschloss 13 lässt die Energie von seinem Vorgänger Energieschloss 12 am 4. Halswirbel aus über den Hinterkopf zur Brust strömen und befreit damit auch stagnierende Energie in **Nacken und Schulter**.

Es erlaubt Dir, Deine **Kreativität** in Selbstliebe und Liebe Deinen Mitmenschen gegenüber voll auszuleben – Energieschloss 13 ist der Schlüssel zu Deinem Herzen!

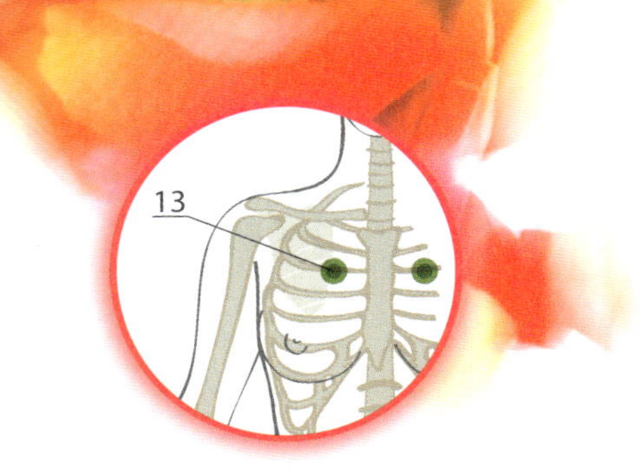


## Strömen von Energieschloss 13

Um Energieschloss 13 zu öffnen, kreuzt Du die Arme über der Brust und legst die Finger der rechten Hand auf das linke Energieschloss 13, während Du das rechte Energieschloss 13 mit den Fingern der linken Hand strömst (siehe Foto).

# Energieschloss 14
# GLEICHGEWICHT

Mit Energieschloss 14 führt uns die Energie aus der den Gedanken zugeordneten Brust (ES 13) in die **Taille**, die Ebene der **Worte** ...

... in der Taille residiert das Wort, sowohl das »Gute«, Lebens-be-JA-ende wie das negative, sich gegen das Leben richtende.

Die Taille, und vor allem die hier gelagerten Organe **Leber** und **Milz**, sind der Körperbereich, wo wir – im wahrsten Sinne des Wortes – *horten* oder/und auch wieder los-lassen ...

Nicht nur die physische Nahrung wird hier verdaut und umgesetzt, sondern vor allem auch die Emotionen – das, was in der Ebene der Gedanken (der Brust) seinen Anfang nahm und sich nun in die »tieferen Regionen« manifestieren will ...

Haben wir durch unsere Gedanken emotionalen Schmerz zugelassen bzw. diesen nicht mit Hilfe von Energieschloss 13 entlassen und transformieren können, wandert der Schmerz nun weiter zu **Energieschloss 14, links und rechts unterhalb des letzten Rippenbogens**.

Energieschloss 14 ist – zusammen mit Energieschloss 23, welches in etwa auf gleicher Höhe auf der Körperrückseite liegt – wohl das Energieschloss, welches bei allen erwachsenen Menschen generell die meisten Blockaden aufweist und am längsten braucht, um richtig »frei« und »offen« zu sein ...

Beide Energieschlösser – 14 und 23 – ergeben jeweils in ihrer Quersumme die 5 – den Menschen, das zu entfaltende Potential!

Beide Energieschlösser verdauen, speichern und – wenn sie blockiert sind – generieren menschliche Emotionen, wie z. B. Wut, Hass, Eifersucht (rechtes Energieschloss 14, welches der Leber zugeordnet ist), Sorge und Schüchternheit (linkes Energieschloss 14, welches der Milz zugeordnet ist) sowie Angst und Panik (Energieschloss 23, beide Seiten).

Kein Wunder also, dass Energieschloss 14 als »Schlüssel zu den menschlichen Emotionen« gilt. Energieschloss 14 ist Dein direkter Zugang, Dein Tor zur Harmonisierung von oftmals über Jahre angestautem Frust, Hass und Kindheitsproblemen mit einem oder beiden Elternteilen.

Das **rechte Energieschloss 14**, welches im Bereich der Leber liegt, ist der Zugang zu den Emotionen, die das **männliche Geschlecht** betreffen, also z. B. Probleme mit Vätern, männlichen Arbeitskollegen, Vorgesetzten, Lebenspartnern ...

Das **linke Energieschloss 14** hingegen betrifft Emotionen, die wir mit dem **weiblichen Geschlecht** haben, insbesondere Emotionen, die mit unseren Müttern zu tun haben ...

Das **rechte** Energieschloss 14 hilft fernerhin der Verdauung von **Proteinen**, während das **linke** Energieschloss 14 eher der Verdauung von **Kohlehydraten** hilft.

Je nachdem, welches Energieschloss 14 »blockierter« ist – was sich z. B. durch Schmerzen im Bereich des Energieschlosses, durch »schweres Pochen« unter den Fingern beim Strömen, oder durch einen hervorstehenden Rippenbogen zeigt[26] – kannst Du diese Zeichen nutzen, um zur Ursache, zur Quelle bestimmter Beschwerden vorzudringen – und diese gezielt durch Öffnen von Energieschloss 14 zu lösen!

Balance, Harmonie, Gleichgewicht und MÄSSIGKEIT sind die großen Themen von Energieschloss 14 bzw. der Zahl 14 ganz allgemein, und so verwundert es auch nicht, dass die Bedeutung unserer großen Arkana-**Karte XIV** die **Mäßigkeit** ist!

Die Große Arkana XIV ist voll wundervoller Symbolik:

Zunächst einmal ist, wie immer, der Bezug zur vorhergehenden Karte, der Großen Arkana XIII, der Tod, interessant ...

Sowohl die Karte XIII, »Tod«, als auch die Große Arkana XIV, »Mäßigkeit«, zeigen bzw. SIND der Weg zur Glückseligkeit, zum

---

*[26] Energieschloss 14 liegt direkt unterhalb des letzten Rippenbogens auf der Körpervorderseite. Dies ist der Grund, warum ein hervorstehender Rippenbogen immer auch einen Bezug zu Energieschloss 14 hat.*

Garten Eden, dem himmlischen Jerusalem, dargestellt auf Karte XIII durch die Sonne hinter den beiden Pfosten am Horizont, und auf Karte XIV durch die goldene Krone am Ende des Weges ...

... des Weges, welcher beginnt im Wasser, bei den Emotionen, den Emotionen, deren Aufgabe – wie der Name *Emotion*[27] bereits erkennen lässt – es ist, zu fließen, zu strömen ...

Emotionen sind an sich nichts »Negatives«, Schädliches; Schaden verursachen sie nur und erst dann, wenn sie in ihrem Fluss behindert werden, wenn sie sozusagen »stecken« bleiben, wobei dieses Steckenbleiben eben immer den Bereich um Energieschloss 14 belastet, die für unsere Gesundheit und unser Wohlbefinden so essentiellen Organe Leber und Milz!

Emotionen im Fluss sind das Er-Leben irdisch-menschlicher Erfahrungen. Sie sind der in die Dualität menschlicher Empfindungen führende Weg aus der Einheit, aus der den Empfindungen übergeordneten, zeitlosen Ebene ewigen Potentials, und als solches ist die Große Arkana XIV auch der »Zeit« zugeordnet: dem Zeit-Fluss aus der Vergangenheit in die Zukunft und zurück, denn im Gegensatz zur weitläufigen Meinung, dass Zeit immer aus der Vergangenheit in die Zukunft führt, ist Zeit vielmehr mehrdimensional – wir entscheiden sozusagen selbst, WO genau wir uns in diesem Moment befinden: in der Vergangenheit, der Zukunft, oder – und genau hier liegt die »goldene Mitte«, das Tor zum ewigen Leben – in der genauen Mitte, dem JETZT!

Der weiß gekleidete Engel mit seinen Feuerflügeln auf unserer Großen Arkana-Karte XIV lässt den Strom der Zeit zwischen den

---

[27] *Emotion kommt vom lat. ex = heraus und motio = Bewegung.*

beiden Kelchen in seinen Händen strömen – und es ist sicher kein Zufall, dass der Strom der Zeit im Bereich von Energieschloss 14 fließt ...

... der Strom der Zeit, über dem das Dreieck, Symbol für die 3, die Zahl der Schöpfung, thront auf der Brust des Engels, dessen Kopf umgeben ist von Feuerstrahlen mit dem Kreis als Symbol für die Ewigkeit auf der Stirn des Engels ...

... die Ewigkeit, die wir in jedem Moment unseres Lebens *sind*, sofern wir unsere Emotionen meistern, sofern wir im Fluss bleiben, anstatt stecken zu bleiben ...

... stecken zu bleiben in der »Zeit« bzw. den Emotionen! ...

Die Emotionen also sind das große Thema unseres Energieschlosses 14. Es geht um das **Verdauen physischer Nahrung** ebenso wie irdischen »Wollens« und »Begehrens«. Es geht um Mitgefühl, um Sprechen (zu wenig oder zu viel Sprechen), und um **mentale Dinge**, denn die 14, die Taille, ist immer auch mit dem Kopf verbunden. Ist die 14 blockiert, kann die Energie aus dem Kopf nicht nach unten fließen, dann bleiben auch unsere Gedanken stecken ...

Das Strömen bzw. Öffnen von Energieschloss 14 hilft dem **Abspecken von »Rettungsringen« um die Taille** (einem sicheren Zeichen von energetischem Stau in diesem Bereich!). Es hilft fernerhin gegen **Leukämie** (hat immer mit der Milz zu tun!), **MS**, **Parkinson**, **Autismus**, **Epilepsie** und **Beschwerden am jeweils gegenüberliegenden Arm bzw. Bein des Energieschlosses**. (Also bei Beschwerden am rechten Arm oder Bein solltest Du in erster Linie das linke Energieschloss 14 öffnen und umgekehrt ...)

Schnarchen und Albträume haben immer auch mit Blockaden im Bereich von Energieschloss 14 zu tun, so dass das Strömen von Energieschloss 14 auch hier gute Hilfe leistet!

Zusammenfassend lässt sich also sagen, dass sich Energieschloss 14 um die wirklich weltlich-irdischen Seiten unseres Lebens kümmert: um Begehren und Wollen, um Kommunikation sowie um das Meistern oder nicht-Meistern von Emotionen ...

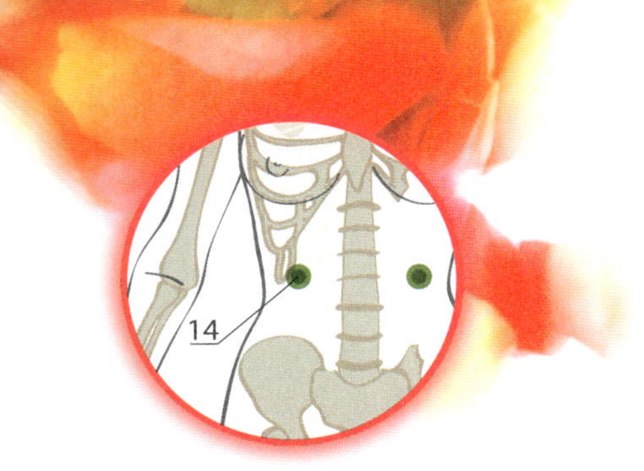


# Strömen von Energieschloss 14

Lege die Finger Deiner rechten Hand auf das linke Energieschloss 14 und gleichzeitig die Finger Deiner linken Hand auf das rechte Energieschloss 14 (siehe Foto Seite 133).

oder/und

ströme das linke Energieschloss 14 mit Deiner rechten Hand (bzw. mit den Fingern der rechten Hand) und gleichzeitig das rechte Energieschloss 19 mit den Fingern Deiner linken Hand (siehe Foto Seite 134).

Für die andere Seite wechselst Du die Hände entsprechend.

Dieser Griff ist auch der Selbsthilfeschritt für den **Zwerchfellstrom**, ein ganz wichtiger Energiestrom, welcher als Initiator für die Manifestation des Schöpfungsfunkens gilt und dessen Seelentor im Bereich des Nabels (und somit auch im Bereich von Energieschloss 14) liegt.

# Energieschloss 15
# FREUDE!
# Wasche Dein Herz mit Lachen!

Von der Taille aus strömt die Energie weiter die Körpervorderseite hinab zur Hüfte, zu den Taten, zu **Energieschloss 15 in der Mitte der Leistenbeuge** ...

FREUDE ist die wundervolle Bedeutung dieses Energieschlosses mit der Zahlenbedeutung 15 – eben jener Zahl, welche in den Großen Arkana für den **Teufel** steht bzw. dieser *ist* ...

Wie kann das sein? Wie kann Karte XV der Teufel sein und Energieschloss 15 in der Leistenbeuge gleichzeitig die Freude ausdrücken bzw. in Dir hervor-rufen? Ist das nicht ein Paradox?

Auf den ersten – oberflächigen Blick – schon ...

Betrachten wir das Energieschloss und die symbolische Bedeutung der Karte XV jedoch genauer, lösen sich die Paradoxe auf, ja macht die »Freude für die Zahl des Teufels« sogar Sinn ...

Energieschloss 15 – und damit auch die große Arkana-Karte XV – haben einen starken Bezug zum **Herzen** – dem Herz als Sitz des Geistes ...

Das Herz ist der Sitz unserer WAHRHEIT – der Geist, das Innere unseres Herzens, lügt niemals …

… was bzw. »wer« lügt ist das Ego, der »Teil« unserer SEELE, der sich mit der »Wirkung der Wahrheit«, mit der »Schein-Welt« anstatt mit der Wahrheit identifiziert …

… der »Teil« des Selbst, der sich sozusagen selbst leugnet, sich vergisst, sich selbst betrügt …

… und sich dadurch von der zeitlosen Ebene, dem Potential, abspaltet, sich sozusagen selbst »fesselt« …

… fesselt an die Welt der Dinge, der Begierden, der Äußerlichkeiten, der Ängste, nicht »genug« zu erhalten …

Der Teufel ist das, was geschieht bzw. was wir hervorrufen(!), wenn wir »uns selbst verleugnen« …

… wenn wir uns »blenden« lassen und uns von irdischen Gütern und Begierden – auch und vor allem sexuellen Begierden! (Der Bezug von Energieschloss 15 zu den Sexualorganen ist offensichtlich.) – in Fesseln legen!

Sieh Dir die Große Arkana XV einmal genau an: Erkennst Du die Frau und den Mann in Fesseln im Vordergrund? Wir sind ihnen auf unserer Reise durch die großen Arkana-Karten schon einmal begegnet …

... und zwar bei der Großen Arkana VI, ausgerechnet der »niedrigeren Schwingung« der 15, denn die 15 ergibt in ihrer Quersumme ja auch die 6, dieses Mal jedoch die »hohe« bzw. »höhere« 6 (die nächste Stufe ist dann die 24, die ebenfalls in ihrer Quersumme die 6 ergibt!) ...

Alle drei 6en, also die 6, die 15 sowie die 24 haben alle mit Unterscheidungsvermögen zu tun bzw. haben dies als zu Grunde liegende Bedeutung!

In der großen Arkana-Karte 6 entdeckt der Mensch die irdisch-körperliche Liebe ...

... mit der 15 lässt er sich von dieser körperlichen Liebe sowie von der »Liebe zur sichtbaren Welt«, der eigentlichen Schein-Welt, blenden, er wird das Opfer der Identifizierung mit dieser Ebene, er nimmt sich selbst in Fesseln ...

... und mit der 24 (Chaos harmonisieren) erhält er die letzte Chance, Unterscheidungsvermögen zu leben!

Mit der 15 ist der Mensch »mitten drin« – im wahrsten Sinne des Wortes, denn Energieschloss 15 liegt ja auch (von den Füßen zum Kopf gerechnet) in der »Mitte« des Körpers – dort, wo die Sex(!)-ualorgane liegen ...

... für die weitere Reise liegt es nun am Menschen selbst, für welche Seite er sich ent-scheidet: für die irdische Täuschung, die sogenannte »Maya«, oder aber für die Wahrheit, das Geistige, das Ewige, die Wahre Liebe!

Das Strömen von Energieschloss 15 durch einfaches Auflegen der Hände in der Leistenbeuge, befreit Dein Herz, indem es der Energie erlaubt, abwärts, sozusagen die »irdische Schwelle« meisternd, zu strömen.

Energieschloss 15 gilt als eines der wichtigsten Energieschlösser für die **Herzgesundheit** – es ist auch bekannt als »Manager-Energieschloss«, da vor allem Manager großer Unternehmen sich »selbst verleugnen« und sich durch die volle Hingabe an Unternehmen und Firmen »selbst vergessen« ...

Menschen mit viel **Stress** sollten es sich zur Gewohnheit machen, Energieschloss 15 regelmäßig, z. B. abends vor dem Einschlafen, zu strömen.

Wenn wir unser Energieschloss 15 am Abend öffnen, beschenken wir uns dadurch mit **Freude** für den kommenden Morgen, und wir beugen Herzproblem wie z. B. **Herzrhythmusstörungen und -infarkt** vor!

Energieschloss 15 liegt am Stromverlauf der so wichtigen sogenannten »Zehen-Ströme[28]«, des Nieren-, Leber- und Milzstroms, was bedeutet, dass wir durch das Strömen von Energieschloss 15 diese viel Kraft spendenden Energieströme unterstützen!

Energieschloss 15 gilt außerdem als »**Vor-Operations-Energieschloss**«, das heißt, es sollte vor Operationen geströmt werden, da es übermäßiges Bluten verhindert und so Operationen unterstützen kann ...

---

[28] *Als Zehenströme werden die Organströme bezeichnet, die in den Zehen die Energie von ihrem Strom-Vorgänger übernehmen.*

Aber nicht nur »vor« Operationen wirkt Energieschloss 15 harmonisierend – auch nach Operationen wirkt es heilend! Weil es Freude bringt und das Herz lachen lässt, und Lachen war und ist immer die beste Medizin!

Gegen welche Beschwerden hilft Energieschloss 15 noch? Bzw. wo und wann sollten wir Energieschloss 15 besondere Aufmerksamkeit schenken?

Energieschloss 15 hilft generell bei **Gefäßproblemen** (auch hier der Bezug zum Herzen, denn die Herzenergie hat eine direkte Verbindung zu den Gefäßen), zur schnelleren Heilung bei **Knochenbrüchen** (5. Tiefe), bei **Lymphstau in den Beinen** und generell bei schweren Beinen.

Und – auch der Rücken profitiert von einem freien Energieschloss 15, denn die Energie – wir erinnern uns – strömt ja die Körperrückseite hinauf, und die Körpervorderseite wieder hinunter ...

... gibt es entlang dieses Stromverlaufs Blockaden, staut die Energie »rückwärts«, das heißt bis hin zum Rücken ...

Als solches ist Energieschloss 15 auch ein essentieller »Helfer« für Energieschloss 11 – Entladen alten Ballasts ...

Zusammen geströmt (siehe Strömanleitung unten) hilft Energieschloss 15 unserem durch die 11 gelösten »alten Ballast« vorne abzufließen ...

... es befreit den Rücken (die Vergangenheit), die Schultern (dort, wo wir die »Last des Lebens« tragen) und das Herz (den Sitz unseres Geistes) ...

Und! – Energieschloss 11 und 15 ergeben in ihrer Summe die 26 – die Zahl der Vollkommenheit, des »letzten« Energieschlosses …

Für mich hat dieser Bezug auch eine sehr »persönliche Bedeutung«, denn ich selbst bin an einem 11. geboren, während meine Tochter an einem 15. geboren ist …

Meine Lebenszahl plus die Lebenszahl meiner Tochter ergibt somit die 26 und meine Tochter ist tatsächlich die »Freude meines Lebens«, die mir immer wieder ermöglicht(e) bzw. half und hilft, Herzschmerz los-zulassen …

Diese Betrachtung der 26 Energieschloss-Zahlen durch die eigenen Geburtszahlen und die Geburtszahlen von Familienmitgliedern ist übrigens eine sehr lohnende und spannende Sache, die einem oftmals die Augen öffnet für gemeinsame Lebensaufgaben und -wege! …

Lesen Sie dazu auch »Dich und Dein Leben verstehen durch die Zahlen« ab Seite 234.

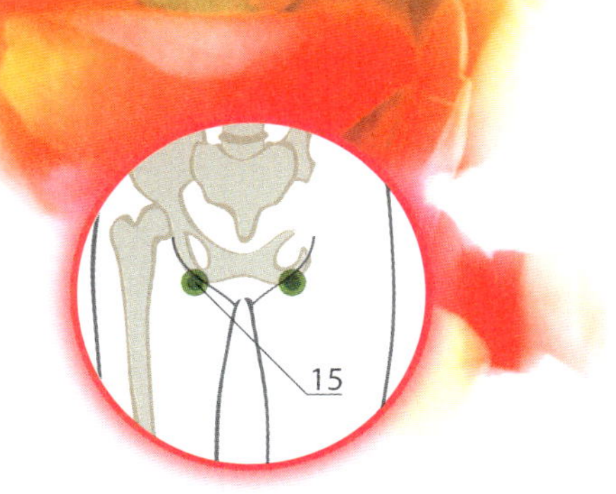


## Strömen von Energieschloss 15

Lege – am besten im Liegen – sanft Deine rechte Hand in die rechte Leiste und gleichzeitig die linke Hand in die linke Leiste. Dieser Griff eignet sich besonders gut zum Strömen am Abend, vor dem Einschlafen, er wirkt wunderbar **befreiend**, **ausgleichend**, **beruhigend** und reduziert **Stress** (siehe Foto Seite 142).

Die andere Variante, um Energieschloss 15 zu strömen, hatte ich bereits bei Energieschloss 11 beschrieben: Lege Deine rechte Hand über Deine linke Schulter (Energieschloss 11) und gleichzeitig Deine linke Hand in die linke Leiste (siehe Foto Seite 143). Für die andere Seite nimmst Du entsprechend die andere Hand (Finger), also linke Hand über rechte Schulter, rechte Hand auf rechtes Energieschloss 15.

# Energieschloss 16

# Aufbrechen bestehender Formen zugunsten neuer!

Aus der Leiste strömt die Energie weiter hinab, ins Fußgelenk, genauer gesagt, in die Außenseite des Fußes, die Mulde unter dem Knöchel ...

Mit der 16 geht es nun wirklich ums »Eingemachte« ...

... es geht darum, die Fesseln, die wir uns durch irdische Verstrickungen, durch falsche Glaubenssätze selbst auferlegten, zu sprengen!

Die 16 bzw. die **Große Arkana XVI**, **Der Turm**, ist der **Lichtblitz**, die plötzliche Erkenntnis bzw. das Erlauben des Wahren Selbst, den falschen Weg zu erkennen und **radikal zu ändern!**

Die 16 bedeutet radikale Veränderung, Veränderung, die das Leben in den »Fugen erschüttert«, Veränderung, die uns zurückkatapultiert zum Kern, zu unserem Wahren Selbst!

Wenn die große Arkana-Karte XVI mit dem vom Blitz getroffenen und einstürzenden Turm in einer Tarot-Legung auftaucht, ist die erste Reaktion des Fragenden meist erst einmal: Angst.

Ein Turm stürzt ein, Menschen stürzen in die Tiefe, das, was man sich im Leben »aufgebaut« hat, vielleicht die Güter, die man sich angeschafft hat (irdische Güter symbolisiert durch aus dem Turm stürzende Krone), all das »bricht ein«, fällt in sich zusammen ...

Das macht natürlicherweise zunächst einmal »Angst«.

Paradoxerweise haben selbst mit ihrem Leben unzufriedene Menschen (leider die große Mehrheit) vor Veränderung immer erst einmal A n g s t.

Man möchte zwar, dass sich alles »zum Guten hin verändert«, aber diese Veränderung sollte sozusagen ansonsten ohne weitere Auswirkungen sein, sprich, man hätte gerne ein größeres Haus, einen besseren Job, einen liebevolleren Lebenspartner ...

... all das sollte am besten »wie von Zauberhand« erscheinen, die Zwischenphase zwischen »der alten Situation« und der erwünschten neuen, die sollte am besten »ausgeblendet« werden ...

... und genau diese Zwischenphase jedoch, die Phase zwischen dem Alten und dem Neuen, genau diese Phase ist die eigentlich Entscheidende! Sie ist die Phase der **Erkenntnis**, der **Heilung**, der Begradigung und Begnadigung bzw. des Wiedererkennens des vorherbestimmten Weges!

Die Zwischenphase zwischen dem Alten und dem Neuen, das ist die 16, die uns in ihrer Quersumme nicht umsonst zur 7, zur Zahl des Sieges, führt!

Erinnern wir uns an die Bedeutung der 7 bzw. der Großen Arkana-Karte VII, Der Wagen. Auch in Karte VII ging es um Bewegung, um Wandlung, um das Meistern von Hürden ...

In der Karte XVI ist diese Bedeutung nun potenziert; haben wir unsere Lektion der 7 nicht gelernt bzw. durchgehalten, greift nun die SEELE, das Wahre Selbst, mit voller Macht durch ...

Unsere SEELE ist es auch, die oftmals schon lange vor einer radikalen Lebensveränderung »anklopft« und eine kommende Veränderung erkennen lässt ...

Mein eindrücklichstes Erlebnis mit der 16 hatte ich kurz vor dem im Grunde unerwarteten Tod meines Vaters ...

Ich strömte mir an jenem Tag den Blasenstrom, weil der Blasenstrom an dem Tag der Mondstrom[29] war ...

Der Blasenstrom ist einer von drei Organströmen (Blasenstrom, Gallenblasenstrom und Nabelstrom) innerhalb deren Strömsequenz Energieschloss 16 genutzt wird. Alle drei Organströme sind absteigende Energieströme, das heißt, sie führen die Energie den Körper

---

[29] *Der Mondstrom ist der Organstrom, welcher der aktuell vom Mond aktivierten kosmischen Schwingung entspricht. Das Prinzip des Einstimmens auf die vom Mond vorgegebenen kosmischen Schwingungen und die Bedeutung der 12 Organ- bzw. Mondströme beschreibt die Autorin ausführlich in ihrem Buch »Der Mond und der kosmische Code der Schöpfung«.*

hinunter in die Zehen (Gallenblasenstrom und Blasenstrom) bzw. aus den Fingern ins Gesicht (Nabelstrom).

Diese drei Organströme haben nicht umsonst alle als unterschwelliges Thema die Veränderung; Veränderung durch Loslassen der Vergangenheit (Blasenstrom), Veränderung durch kraftvollen kreativen Neubeginn (Gallenblasenstrom) und Abnabelung (Nabelstrom).

Die Selbsthilfeströmsequenz des Blasenstroms besteht aus 4 Schritten, wobei der 3. Schritt Energieschloss 16 ist.

An jenem Tag »hielt« es mich länger als sonst auf diesem Strömschritt bzw. Energieschloss. Anstatt wie sonst meist höchstens 3 Minuten blieb meine rechte Hand sicherlich mindestens 7 – 10 oder mehr Minuten auf dem rechten Energieschloss 16 (rechts steht für die Zukunft!) liegen ...

Es war ein inneres Gefühl, welches mich auf diesem Energieschloss hielt ...

... es war die SEELE, die mich bzw. meinen Energiekörper auf das bevorstehende einschneidende und alles verändernde Ereignis in unserer Familie vorbereiten wollte ...

Am selben Abend dann hatte ich das dringende Gefühl, mit meinem Vater sprechen zu wollen. Das am nächsten Morgen folgende Telefonat sollte das Letzte sein ... nur eineinhalb Stunden später hatte mein Vater einen Schlaganfall, an dem er wenige Tage später starb.

Die 16 »bereitet die Seele nicht nur auf kommende Ereignisse« vor – wie oben bereits beschrieben, ist sie vor allem hilfreich in der bzw. entspricht sie meist sogar der »Akutphase« ...

... so z. B. bei **Schmerzen**, denn Energieschloss 16 ist – vor allem in Kombination mit Energieschloss 5 in der Mulde unterhalb des inneren Fußknöchels – ein kraftvoller Schmerzgriff, welcher gegen Schmerzen jeglicher Art hilft (siehe Strömanleitung unten) und welcher auch während der Geburt eine wertvolle Hilfe sein kann!

Auf Grund seiner Lage entlang des Stromverlaufs der Gallenblasenenergie hat Energieschloss 16 einen starken Bezug zur Gallenblasenenergie und zur Muttertiefe der Gallenblasenenergie, der 3. Tiefe.

Wie ich in meinem Buch »Der Mond und der kosmische Code der Schöpfung« beschreibe, ist die 3. Tiefe die »kreative Kraft« des Menschen. Sie ist dem »Vor-Element« Quintessenz zugeordnet, dem Schlüsselement in der fernöstlichen Philosophie, welches auch dem »Wind« zugeordnet ist ...

Wind bringt immer Veränderung und kommt meist plötzlich. Die 3. Tiefe ebenso wie Energieschloss 16 hat immer mit plötzlichen Dingen zu tun bzw. hilft, »diese zu ertragen, zu transformieren, zu durch-leben«: mit plötzlich auftretenden Schmerzen, plötzlichen Veränderungen, wenn das Schick-Sal bzw. die SEELE scheinbar »gewaltvoll« eingreift in den bisherigen Lebensweg ...

Verletzungen am Fußknöchel im Bereich von Energieschloss 16 sollten daher immer auch aus dieser Sicht betrachtet werden: als »Warnung« bzw. Aufforderung der SEELE, dem Leben eine neue Richtung zu geben!

Energieschloss 16 ist ein kraftvoller Helfer bei Beschwerden, die mit Leber und Gallenblase zu tun haben, so z. B. auch bei **seitlichem Kopfschmerz**[30].

Da es als Thema das »Aufbrechen bestehender Formen zugunsten neuer« hat, hilft es auch generell bei **Narben** und **Schmerzen** ebenso wie bei **Fortpflanzungsproblemen**.

Der Bezug zur 3. Tiefe hilft den **Sehnen** (Sehnenscheidenentzündung!) und unterstützt dadurch die **Geschmeidigkeit** ...

Zusammenfassend lässt sich sagen, dass Energieschloss 16 das kraftvollste Energieschloss zur **Wandlung**, zur **Veränderung des Lebens(stils)**, zu neuem **Denken** und **Handeln** ist und immer dann angewandt werden kann und sollte, wenn genau diese Veränderung bewusst (oder unbewusst) unterstützt werden soll – »unbewusst« jedoch intuitiv – der inneren Stimme folgend!

---

[30] *Seitlicher Kopfschmerz hat meist mit gestauter Gallenblasenenergie zu tun, da der Stromverlauf des Gallenblasenstroms durch den seitlichen Kopf führt.*

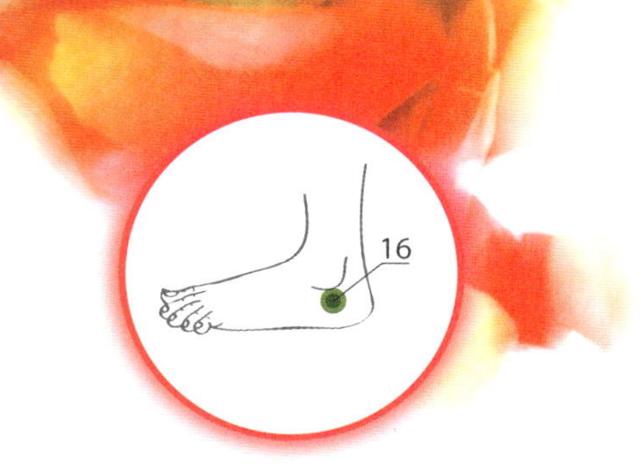


# Strömen von Energieschloss 16

Energieschloss 16 strömst Du, indem Du – am besten im Sitzen – sanft die Finger der rechten Hand auf das rechte Energieschloss 16 legst und die Finger der linken Hand auf das linke Energieschloss 16. Um Energieschloss 16 bequem zu erreichen, sitzt Du am besten mit angewinkelten Beinen (siehe Foto Seite 151).

Für den **Schmerzgriff** legst Du die rechte Hand (die Finger der rechten Hand) auf das rechte Energieschloss 5 und gleichzeitig die Finger der linken Hand auf das rechte Energieschloss 16.

Für den linken Fuß muss AUCH die rechte Hand auf das (linke) Energieschloss 5 und die linke Hand auf das linke Energieschloss 16! Dies ist der einzige Griff, wo wir die Hände für die andere Seite NICHT wechseln! Die rechte Hand muss bei diesem Schmerzgriff immer auf Energieschloss 5 liegen (siehe Foto Seite 152).

Dasselbe gilt, wenn wir jemand anderen strömen, z. B. eine Frau in den **Geburtswehen** unterstützen, auch in dem Fall muss die rechte Hand bei beiden Füßen auf das Energieschloss 5 und die linke Hand jeweils auf Energieschloss 16!

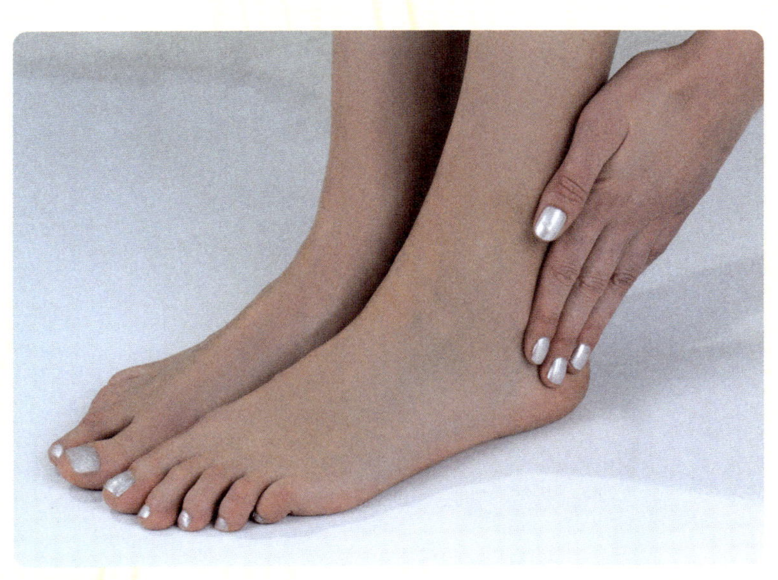

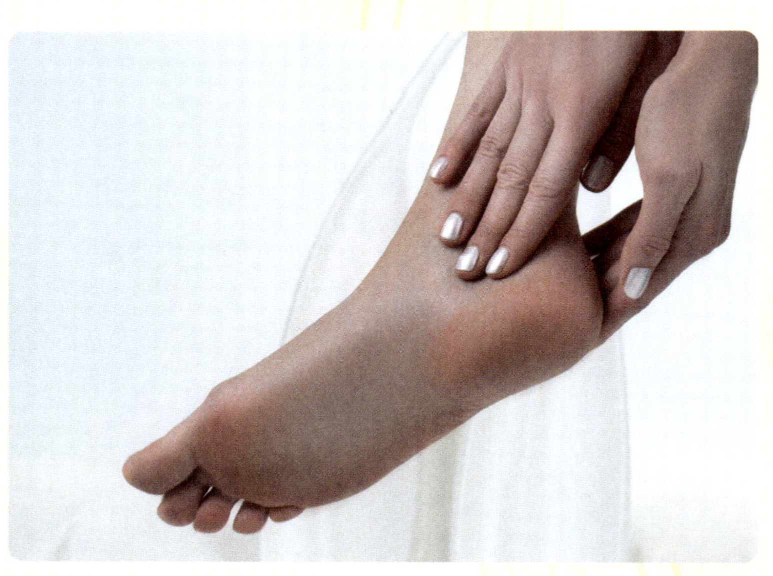

# Energieschloss 17
# Entspannung der Nerven

Mit der 17 steigen wir – im wahrsten Sinne des Wortes – wieder hinauf aus den »Un-Tiefen des Lebens« …

… wir haben die Lektion gelernt, haben alte Glaubensmuster losgelassen, haben Krankes transformiert und irdische »Sicherheiten« als das erkannt, was sie wirklich sind: als *Schein* …

Wir haben uns – auf vielleicht nicht einfache Art und Weise – wieder besonnen und erkannt, dass das wahre Glück nicht im Irdischen, sondern vielmehr in uns SELBST liegt …

… und die Belohnung dieses Erkennens ist **»Der Stern« – die Große Arkana XVII!**

Die große Arkana-Karte XVII ist nicht umsonst eine meiner persönlichen »Lieblingskarten«.

Wann immer sie in einer Legung auftaucht, deutet sie auf eine rasche Wende hin zum Besseren, Heilung, Erfolg, Glück sind sozusagen »um die Ecke« – greifbar nahe, wie es das ja eigentlich immer ist! – nur, dass wir es meist nicht erkennen!

Mit der XVII jedoch erkennen wir es, wir haben den Sieg über unser Ego errungen (Karte VIII, die Löwenbändigerin!,) so dass die 8, die Löwenbändigerin, nun zur sich aus der Quersumme der 17 ergebenden, erhöhten 8 wandeln konnte.

Zur erhöhten 8, die – innerhalb eines weiteren 9er-Zyklus – schließlich zur doppelt erhöhten 8 werden wird, zur sich aus der Quersumme der 26 ergebenden »dreifachen 8«, der Vollendung unserer Reise durch die Energieschlösser des Menschen!

Der Stern, die Große Arkana XVII, zeigt Dir: Du bist auf dem richtigen Weg, alles wird bzw. ist bereits GUT!

... und sollte es das nicht sein, dann haben wir ja Energieschloss 17 unterhalb des kleinen Fingers am Handgelenk!

Energieschloss 17 ist auch bekannt als »**Notfall-Energieschloss**«, wenn wir das Gefühl haben, ohnmächtig zu werden, wenn unser Brustkorb sich eingeschnürt und eng anfühlt und die Hände feucht und kalt sind ...

Energieschloss 17 kann in solchen Fällen von **Herzbeschwerden** und **schwachem Kreislauf** tatsächlich lebensrettend sein.

Mir selbst half es zuverlässig, als ich vor einigen Jahren zu Besuch in einer großen Stadt war und mein Kreislauf vermutlich durch plötzlichen Wetterumschwung und Schlafmangel vor einem wichtigen Gespräch »schlapp machte«.

Meine Brust fühlte sich wie zugeschnürt an, die Hände waren eiskalt und dabei feucht und ich spürte, dass ich »gleich umkippen würde«. So begab ich mich in das nächstgelegene Lokal, bestellte einen Saft und begann, mir Energieschloss 17 beidseitig[31] zu halten. Ich strömte das Energieschloss etwas »energischer« als sonst, presste meine Finger förmlich hinein (was eigentlich gar nicht nötig gewesen wäre) und konzentrierte mich derweil auf meinen Atem, wobei ich vor allem dem Ausatmen Beachtung schenkte. Die ersten etwa 7 Minuten schien nicht viel zu »passieren«, doch nach etwa 10–15 Minuten »öffnete« sich plötzlich der gesamte Brustraum, ich spürte förmlich, wie der gesamte Brustraum sich mit Wärme und Energie füllte, die gestaute Energie löste sich, alles begann zu fließen, die kalten Hände erwärmten sich, das gesamte Körpergeschehen normalisierte sich.

Ich blieb vorsichtshalber noch einige Minuten mit meinen Fingern auf Energieschloss 17, insgesamt etwa 20 Minuten, was übrigens die Zeitspanne ist, die man bei akuten Beschwerden idealerweise aufwenden sollte, denn die Energie benötigt 20 Minuten, um einen Kreislauf durch sämtliche Körperfunktionen zu durchlaufen.

Sieh Dir die Große Arkana XVII einmal an: Alleine das Bild wirkt schon heilend:

---

[31] *Energieschloss 17 kann man beidseitig strömen, indem man die Fingerspitzen des rechten Mittelfingers und/oder Zeigefingers (mit den Fingern geht dieser Griff am einfachsten) auf das linke Energieschloss 17 legt und gleichzeitig die Fingerspitze des linken Daumens auf das rechte Energieschloss 17.*

Der 8-zackige Stern (die 8 symbolisiert die Quersumme der 17 ebenso wie das ewige »wie oben so unten«) strahlt am Himmel, umgeben von 7 weiteren Sternen – 7, die Zahl des Sieges!

Die Landschaft zeigt eine unbekleidete Frau mit zwei Kelchen an einem Teich – Symbol für die Emotionen – mit einem Fuß steht sie im Wasser. Sie gießt Wasser in den Teich und auf das satte Grün der Wiese, aus dem Fluss des Wasserstromes entstehen neue Flüsse ...

Die nackte Frau mit den goldenen Haaren ist selbst die ewige Quelle – sie ist – bzw. DU bist das volle Potential!

Die Symbolik unserer großen Arkana-Karte XVII symbolisiert **Fülle** und **Fruchtbarkeit**, und so hilft denn Energieschloss 17 auch generell bei **Fortpflanzungsproblemen**.

Energieschloss 17 ist dem **Geist** zugeordnet, und auf der Ebene des Zodiaks repräsentiert es das Tierkreiszeichen Wassermann.

Die Farbe der 17 ist Violett – jene bedeutende Komplementärfarbe, welche das Kronenchakra öffnet und dem Geist damit ermöglicht, sich zu manifestieren ...

Energieschloss 17 ist ein wunderbares Energieschloss zum **Stressabbau** ...

Wann immer Deine **Nerven** angespannt sind oder Du Dich kribblig fühlst – auch ganz wichtig bei **Lampenfieber!** – setze Dich einige Minuten ruhig hin und ströme Energieschloss 17 am äußeren Handgelenk ...

Energieschloss 17 eignet sich auch besonders gut zum Strömen, bevor man eine **Rede** oder einen **Vortrag** halten soll – neben der Entspannung der Nerven stärkt es auch die **Intuition** und klärt das **Denken**, genau die Eigenschaften also, die man für eine erfolgreiche Präsentation benötigt!

Diese Eigenschaft macht Energieschloss 17 auch zu einem der wichtigsten Helfer für Schulkinder gegen Lampenfieber vor Klassenarbeiten! Durch die bequeme Lage am Handgelenk lässt sich Energieschloss 17 auch ohne Probleme – und ohne die Lehrer in Aufruhr zu versetzen! – im Klassenzimmer strömen!

Vielleicht möchte der ein oder andere Lehrer (Lehrerin) diesen Tipp vielleicht sogar in der Schulklasse umsetzen, und das gemeinsame Strömen von Energieschloss 17 vor Klassenarbeiten anregen?

Zusammenfassend lässt sich sagen, dass Energieschloss 17 der wichtigste Helfer für nervliche Probleme ebenso wie Herz- und Dünndarmprobleme ist. Durch den Bezug zur Herzenergie und der 5. Tiefe[32] wirkt das Strömen von Energieschloss 17 außerdem harmonisierend auf das gesamte Gefäßsystem.

---

[32] *Wie die Autorin in ihrem Buch »Der Mond und der kosmische Code der Schöpfung« beschreibt, geht die Herzenergie ebenso wie die Dünndarmenergie aus der 5. Tiefe hervor.*

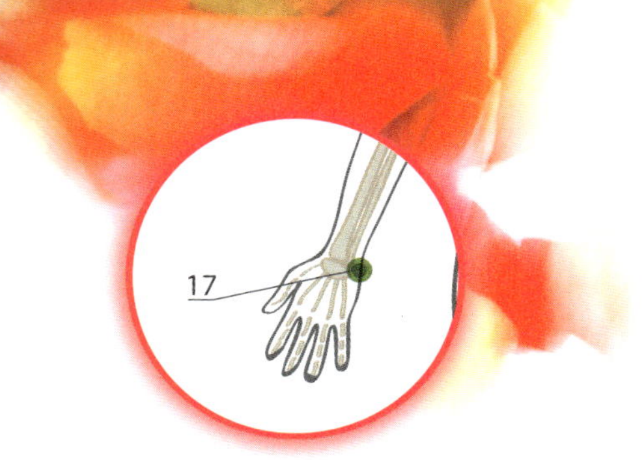


## Strömen von Energieschloss 17

Lege sanft die Fingerspitzen Deiner rechten Hand auf das linke Energieschloss 17 (siehe Foto Seite 159).

Entsprechend legst Du dann die Fingerspitzen Deiner linken Hand sanft auf das rechte Energieschloss 17.

Um das rechte und das linke Energieschloss 17 gleichzeitig zu strömen, legst Du die Fingerspitzen des rechten Mittelfingers und/oder Zeigefingers (mit diesen Fingern geht dieser Griff am einfachsten zu strömen) auf das linke Energieschloss 17 und gleichzeitig die Fingerspitze des linken Daumens auf das rechte Energieschloss 17 (siehe Foto Seite 160).

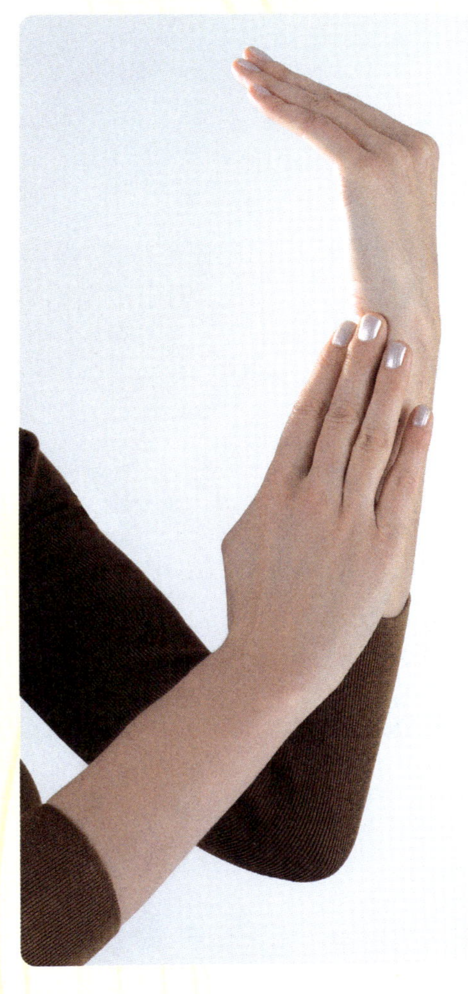

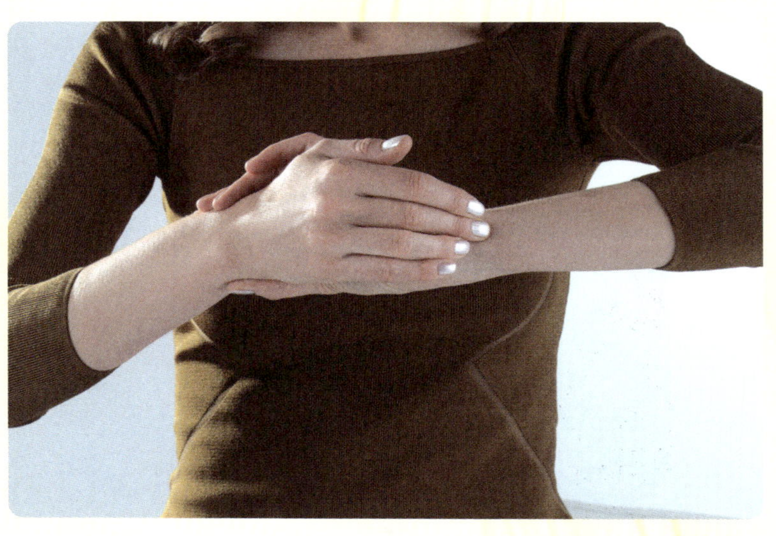

# Energieschloss 18
# Körperbewusstsein

Der lichten Helligkeit und Offenheit der Karte XVII folgt das Geheimnisvolle im Mondenschein: die **Große Arkana XVIII**, **Der Mond**.

Der Mond ist unser treuester Verbündeter, doch er will und muss vom Menschen verstanden sein, um erkannt bzw. genutzt zu werden!

*Der Mond ist für die Seele das,*
*was die Seele für den Menschen ist!*
(Irene Lauretti, »Der Mond und der kosmische Code der Schöpfung«)

Ohne SEELE wäre der Mensch nicht, gäbe es keine Körperlichkeit, kein irdisches Sein.

Ist es nicht ein Paradox, dass die eigene SEELE für die meisten Menschen dennoch so eigenartig »fremd«, so geheimnisvoll und »unnahbar« ist?

Das, was dem Menschen am nächsten ist, mit dem hat der Mensch oftmals die größten (Kommunikations-)Probleme ...

Niemand ist dem Menschen oftmals so fremd, wie »er sich selbst« ...

… eine kraftvolle Aussage, mit der jeder sich einmal befassen sollte.

Im Grunde ist das Selbstverständnis der Schlüssel – nicht nur zu uns SELBST – sondern zu allem, zum Universum an sich!

Wenn der Mensch *bewusst* SEELE IST, dann kann und wird sich das Dunkel um ihn herum lüften, dann darf und wird die »Wirkung der Wahrheit« mit der WAHRHEIT verschmelzen (symbolisiert durch die beiden Seiten des Mondes), dann durchschreiten wir das Tor zum Selbst und erkennen unser Leben als das Produkt unserer eigenen Gedanken und Gefühle …

**Gedanken und Gefühle** sind auch das große Thema unseres Energieschlosses 18 auf der Mitte des Daumenballens, welches nicht umsonst auch als »Psychiater« bekannt ist …

Das Strömen von Energieschloss 18 verbindet den **Kopf mit den Zehen** und öffnet das **Körperbewusstsein**.

Energieschloss 18 hat einen starken Bezug zur Leber, und diese wiederum gilt als Sitz der SEELE und der Emotionen.

Eine schwache Leber zeigt sich am deutlichsten durch **Müdigkeit** und **Abgeschlagenheit** …

Müdigkeit ist sozusagen der Schrei der Leber nach Zuwendung, und das Strömen von Energieschloss 18 kann hier wunderbar hilfreich sein. Es ist Teil der Aktivierungssequenz des Leberstroms, kann jedoch auch alleine geströmt schon sehr hilfreich sein.

Wann immer Du zu wenig geschlafen hast und müde oder einfach nur erschöpft bist, ströme sanft Deinen Daumenballen für einige Minuten oder so lange Du möchtest, und versorge Deinen Körper und Dein Gehirn dadurch mit vitaler, frischer Energie.

Und – wenn Du nicht einschlafen kannst, hilft Energieschloss 18 ebenfalls, auch wenn dies paradox erscheinen mag. Tatsächlich ist es jedoch manchmal so, dass Nicht-Einschlafen von übersteigerter Müdigkeit kommt, vom zu späten ins-Bett-gehen, von ausgelassenem Lebensstil. Energieschloss 18 ist auch in diesen Fällen ein zuverlässiger Helfer!

Die 18 ergibt in ihrer Quersumme die 9, das Ende, welches gleichzeitig immer der Beginn eines neuen ist ...

Die Große Arkana IX – wir erinnern uns – ist der Eremit ...

... und so wie unsere Große Arkana XVIII – der Mond – zeigt auch die Karte IX, Der Eremit, einen »dunklen« nachtfarbenen Hintergrund, lediglich erleuchtet durch die Lampe – die SEELE – des Eremiten (Karte IX) sowie durch den Mond – Symbol für die SEELE – auf unserer Karte XVIII.

Die Karte XVIII, der Mond, zeigt ein Wasser (auch hier beginnt alles in den Gefühlen!), aus dem ein Krebs zu einem Weg strebt.

Der Krebs ist das Tierkreiszeichen mit der Schlüsseltonart Gis-Dur[33], und Gis ist auch der Ton des Mondes! (siehe »Der Mond und der kosmische Code der Schöpfung«)

Ist es verwunderlich, dass Gis der Ton ist, der selbst von Menschen mit absolutem Gehör am schwierigsten erkannt wird?

Nicht, wenn man bedenkt, was für ein »rätselhaftes Gebilde« die SEELE für die große Mehrheit der Menschheit ist ...

Wenngleich die SEELE der Ursprung bzw. »Bauherr« des Körpers ist, so ist sie – im Gegensatz zum Körper als eigentlichem »Produkt« der SEELE – physisch nicht »fassbar«.

Sie vermittelt zwischen Ursprung (Wahrheit) und Produkt (Wirkung der Wahrheit) und *ist* dadurch selbst beide Seiten ...

... sie ist sowohl Quelle als auch Produkt, und es ist die Aufgabe des Menschen, die »Trennung« zwischen beiden Ebenen aufzuheben bzw. die Trennung als »Schein« zu erkennen ...

Die **Transformation von »Angst«** – das eigentliche Thema der Großen Arkana-Karte XVIII – ist auch das eigentliche Lebens-Thema eines jeden Menschen ...

Die Angst bringt den Menschen von seinem eigentlichen Weg ab, lässt ihn die SEELE zwar erahnen, jedoch nicht erkennen (der jaulende Hund auf der einen und der heulende Wolf auf der anderen Seite des Weges) ...

---

*[33] Wie die Autorin in ihrem Buch »Der Mond und der kosmische Code der Schöpfung« beschreibt, ist Gis-Dur der »hörbare Aspekt« der Milzenergie, welche dem Tierkreiszeichen Krebs zugeordnet ist.*

Dabei bist doch Du Selbst der WEG = die SEELE, dargestellt durch den durch das Tor führenden Weg.

Erkenne Dich Selbst *als* SEELE ist die Aufforderung der Großen Arkana-Karte XVIII, und transformiere sämtliche noch vorhandenen Ängste in Vertrauen und Mut!

Das Loslassen von »Angst« ist die Bedingung, um die Wahrheit, die Sonne, (unsere folgende große Arkana-Karte) zu erkennen und zu *SEIN*.

Energieschloss 18 unterstützt den **Dickdarm** – das Organ, welches maßgeblich für das »Loslassen« zuständig ist und welches wiederum eng verbunden ist mit den Nieren, dem Organ, dessen Disharmonie sich z. B. durch »Angst« zeigt ...

Das Strömen von Energieschloss 18 hilft der **Verdauung** ebenso wie der **Atmung**, wirkt gegen Blähungen und hilft durch seinen Bezug zur Leber und zum Hinterkopf auch gegen **Benommenheit** und **Schwindel**.

**Autismus** ist ein weiterer Bereich, bei dem das Strömen von Energieschloss 18 wertvolle Hilfe leisten kann.

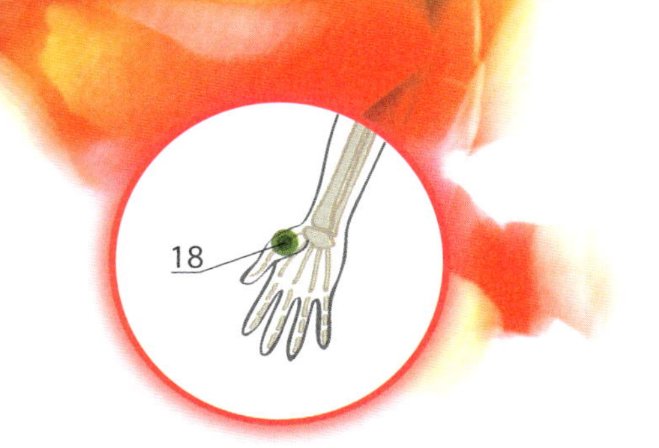


## Strömen von Energieschloss 18

Energieschloss 18 strömst Du, indem Du es sanft mit den Fingerspitzen der anderen Hand berührst (siehe Foto Seite 167).

Um beide Energieschlösser 18 gleichzeitig zu strömen, kannst Du einfach die Finger derselben Hand »nach unten klappen«, so dass Du praktisch eine Faust machst und mit den Fingerspitzen den Handballen (Energieschloss 18) berührst (siehe Foto Seite 168).

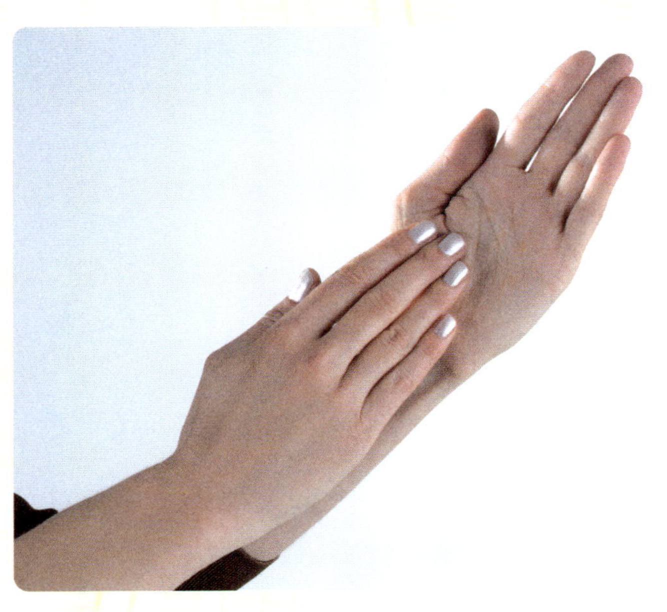

# Energieschloss 19
# Autorität und Führerschaft

Die **19**, das ist die 9 plus die 1 = 10, und damit wieder ein **Neubeginn!**

Ein kraftvoller Neubeginn, und zwar genau so, wie jeder sich das wünscht: unter der Schirmherrschaft der **Sonne**, **unserer Großen Arkana XIX!**

Die Große Arkana XIX gilt – zusammen mit der Karte XXI, »Die Welt« – als größte Glückskarte des Tarot!

Wo immer die Karte XIX in einer Legung auftaucht, verheißt sie Glück und Erfolg bzw. »Besserung« von Lebensumständen –

... verheißt sie Glück und Erfolg, und gibt uns dabei durch ihre Energieschloss-Bedeutung gleichzeitig den nicht-geheimen Schlüssel zum Erfolgsrezept preis:

Die eigene **Autorität** und **Führerschaft!**

Schlussendlich sind IMMER wir selbst die Macher und Erschaffer unseres eigenen Glücks ...

Wir selbst haben die Zügel unseres Lebens in der Hand, niemand sonst, auch wenn es oftmals so erscheint, als ob »der Partner, der Job, die Politik, die Lebensumstände ganz allgemein« unsere größten Widersacher sind.

Der größte Feind von Erfolg ist niemals im Außen zu finden, sondern direkt bei uns selbst – und dort ist er auch zu besiegen!

Energieschloss 19 befindet sich am Ellenbogen, an der Daumenseite der Ellenbogenbeuge und damit auf einer Ebene mit Energieschloss 14 und 23 – den Energieschlössern zur Harmonisierung der »Lebenssünden« – sei es physischer oder emotionaler »Überschreitungen«.

Im Gegensatz zu den Energieschlössern 14 und 23, die sich mehr mit dem »Eingemachten«, mit der Harmonisierung übertriebener bzw. »ins Stocken geratener Emotionen« befassen, wirkt das Strömen von Energieschloss 19 von einer höheren, geistigen Ebene: der Ebene des Potentials (Sonne, 7. Tiefe![34]), der Quelle selbst!

Wahre Heilung geschieht *immer* aus der Ebene der Quelle, und im Grunde ist es ja genau das, was wir durch das Strömen der Energieströme und Energieschlösser erreichen: Wir machen den Weg frei zur Quelle.

---

*[34] Die 7. Tiefe ist gemäß der Tiefenbeschreibung der Autorin in ihrem Buch »Der Mond und der kosmische Code der Schöpfung« der Sonne zugeordnet. Sie ist das noch »rohe« Potential.*

Die Große Arkana XIX ist nun *selbst* diese Quelle, sie ist das reine Potential, die Freude selbst!

Unmut und Leid entstehen immer dann, wenn uns unsere natürliche Autorität und Führerschaft bewusst oder unbewusst »genommen« wird bzw. wenn wir diese abgeben.

Es ist immer wieder interessant, Menschen in Interaktion zu beobachten. Besonders spannend ist dies, wenn eine Person versucht, die andere zu etwas zu »überreden«.

Beobachte selbst einmal entweder Dich oder andere in einem »Akt der Überredung«. Wie ist die Körperhaltung der beiden Personen bzw. wie ist die Körperhaltung der Person, die schließlich »die Oberhand« davonträgt?

Es ist der- oder diejenige, die »in ihrer Mitte« ruht – sowohl körperlich als auch emotional. Und die »Mitte«, körperlich und emotional gesehen, liegt für den Menschen »in der Taille« – eben dort, wo die meist so »gebeutelten« Energieschlösser 14 und 23 liegen.

Energieschloss 14 und 23, sowie – wie wir soeben erfahren haben – auch die Sonne, der Schlüssel selbst, unser Energieschloss 19 in der Ellenbeuge.

Menschen, die ihren Standpunkt erfolgreich vertreten und ihren Willen »durchsetzen« strömen oftmals sogar intuitiv Energieschloss 19 oder den Daumen, den Finger, über den wir Energieschloss 19 ebenfalls erreichen[35].

---

[35] *Siehe Kapitel »Die Energieschlösser in Deiner Hand«, Seite 238.*

Ich habe dies oft bei politischen Auseinandersetzungen beobachtet. Wie auch sonst ist es nicht derjenige, der »am meisten« spricht, der schließlich seinen Standpunkt »durchsetzt«, sondern derjenige, der seinen Standpunkt aus der Mitte heraus hinausträgt.

Schmunzeln musste ich z. B. bei den anfänglichen Gesprächen der Bundeskanzlerin Frau Merkel mit dem damaligen französischen Präsidenten Sarkozy. Herr Sarkozy versuchte mit großen Gesten zu überzeugen und sprach sitzend zu Frau Merkel gebeugt.

Die Bundeskanzlerin hingegen saß »in sich ruhend«, eine Hand auf der Ellenbeuge (Energieschloss 19) und sichtbar »in ihrer Mitte«.

Selbst ohne Ton – also rein bildlich und »energetisch betrachtet«, hätte man bereits aus der Betrachtung dieser Konversation erkennen können, wer in dem damaligen Gespräch überzeugender »rüberkam« und schließlich die »Oberhand« hatte ...

Du kannst Energieschloss 19 also immer dann strömen, wenn Du selbst die »Oberhand« haben möchtest: die Oberhand in Deinem Leben, um Dir Deine natürliche Autorität zu schenken!

Da Energieschloss 19 in der Ellenbeuge liegt, hilft es generell bei Beschwerden an den **Armen** (z. B. Tennisarm) den **Fingern**, der **Schulter** oder/und natürlich **Ellenbogenproblemen**.

Durch den Bezug zur Körpermitte unterstützt das Strömen von Energieschloss 19 die **Verdauung**, wirkt hilfreich bei **Rückenproblemen** und hilft – wie auch Energieschloss 14 – bei **chronischem Schnarchen** und **Albträumen**.

Menschen, die Chemotherapie machen, empfehle ich das Strömen von Energieschloss 19 immer wieder gerne, da es zum einen – durch die Lage von Energieschloss 19 auf einer Höhe von Energieschloss 14 – die essentiellen Organe **Leber** und **Milz** unterstützt und zum anderen dem Patienten ermöglicht, in einer »hilflos erscheinenden Lage« seine gesunde Autorität zurückzuerhalten bzw. in der **Balance** zu bleiben und **Ängste** loszulassen.

Wann immer Du in einer schier ausweglosen Situation bist, kannst und solltest Du Dich an Energieschloss 19 in der Ellenbeuge erinnern – Deinen besonderen Freund und Helfer zur Zurückerlangung und zum Wiedererkennen Deiner natürlichen, strahlenden Autorität und Führerschaft im Leben!

Energieschloss 19a ist ein Nebenpunkt von Energieschloss 19. Das Strömen von **Energieschloss 19a** hilft dem **Herzen** und wirkt gegen **allergische Reaktionen**. Auf Grund seiner Lage etwa eine Handbreit oberhalb von Energieschloss 19 wirkt es mehr Brust- als Taillenbezogen und kann auch als Ersatz-Energieschloss für das Strömen von Energieschloss 10 (welches zur Eigenanwendung nicht leicht zu erreichen ist) angewandt werden.

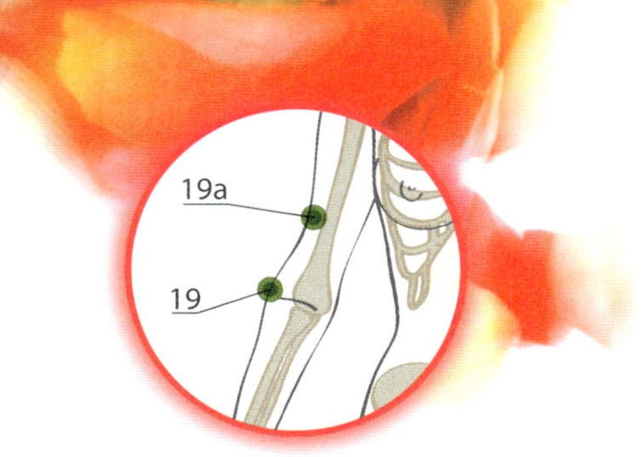


# Strömen von Energieschloss 19

Lege die Finger Deiner rechten Hand sanft in die linke Ellenbeuge und gleichzeitig die Finger Deiner linken Hand sanft in die rechte Ellenbeuge.

Halte derweil die Arme entspannt und achte darauf, dass Du die Schultern nicht nach oben ziehst (siehe Foto Seite 175).

Um Energieschloss 19a zu strömen, umfasse den linken Oberarm (linkes Energieschloss 19a) mit Deiner rechten Hand und Deinen rechten Oberarm, Dein rechtes Energieschloss 19a, mit Deiner linken Hand (siehe Foto Seite 176).

# Energieschloss 20
# EWIGKEIT

Energieschloss 20 liegt auf der Stirn, in der leichten Vertiefung über der Augenbraue. Es hat die Bedeutung »Ewigkeit« – der Aufstieg zum ewigen Leben und Bewusstsein ...

Haben wir mit der 19 unsere natürliche Autorität (zurück)erhalten, das Licht – welches wir selbst *sind* – erkannt, so lassen wir nun die Ebene der Täuschungen, der Vergänglichkeit, hinter uns, und steigen auf zur nächsten Stufe der Evolutionsleiter ...

So wie auch die Hände und die Füße, so lässt sich auch das Gesicht in die drei Zonen des Oberkörpers unterteilen: Brust, Taille und Hüfte.

Die **Stirn** ist demnach der **Brust** zugeordnet, der geistig-mentalen Ebene, und damit auch dem **Herzen** ...

Das Strömen von Energieschloss 20 unterstützt die Herzfunktion ebenso wie die **Augen**, die durch den Stromverlauf des Herzstroms durch die Augen – und wie Antoine de Saint-Exupéry in seinem Meisterwerk »Der kleine Prinz« wusste »Man sieht nur mit den Herzen gut« – tatsächlich auch einen bedeutenden Bezug zur Herzenergie haben!

Energieschloss 20 ist eines der Frieden-bringendsten Energieschlösser überhaupt, wenngleich natürlich jedes Energieschloss Frieden bringt, denn jegliche Harmonisierung wirkt ja »Frieden-bringend« ...

Doch Energieschloss 20 geht noch einen Schritt weiter: Hier ist es wirklich das »sichere Wissen«, dass die irdische Ebene – symbolisiert durch die Särge auf unserer Großen Arkana-Entsprechung, der **Karte XX, das Gericht** – immer nur eine Nach-Ahmung bzw. eine »Wirkung«, ein Produkt der ihr übergeordneten Ebene der WAHRHEIT, des reinen Potentials, ist.

In dem Moment, wo wir dies realisieren, wird jegliche Angst überflüssig.

Wer die von mir in meinem Buch »Der Mond und der kosmische Code der Schöpfung« beschriebene Lage der 12 Seelentore entlang des Lebensstroms des Menschen kennt, der weiß, dass die Brust einen starken Bezug zur Blasenenergie hat (Seelentor der Waage/Blasenenergie), welche wiederum eng mit der negativen Emotion »Angst« verbunden ist. A n g s t schnürt einem im wahrsten Sinne des Wortes die Brust zu, nimmt einem den Atem ...

Neben dem Strömen von Energieschloss 13 – dem auf der Brust gelegenen und damit »direkteren«, »offensichtlicheren« Energieschloss zur Transformation von Ängsten, ist Energieschloss 20 eine kraftvolle Alternative, welche das Thema »Angst« sozusagen von einer höheren, mehr geistigen Ebene angeht ...

Energieschloss 20 gibt einem das tiefe innere Verständnis der EINHEIT mit allen Lebewesen dieses Universums –

... es ist das Verständnis, dass es in der Ebene des geistigen Lichts und Potentials (symbolisiert durch den die Posaune blasenden goldhaarigen Engel auf unserer Großen Arkana-Karte XX) keine Trennung gibt bzw. diese immer lediglich eine Erscheinung – eine »Maya« – ist ...

Im Grunde gibt es »Trennung« gar nicht – wir erschaffen diese mit unseren Gedanken selbst!

Sieh Dir die Große Arkana XX selbst einmal an:

Auch hier ist wieder – wie bereits auf den Vorgänger-Karten III, IV, VII, XIII, XIV, XVII und XVIII, Wasser – das Symbol für Emotionen – zu erkennen. Tatsächlich schwimmen die offenen Särge, aus denen die Menschen wiederauferstehen, auf dem Wasser, was zeigt:

Emotionen sind notwendig! ... wir dürfen uns jedoch von ihnen nicht »unterkriegen« lassen bzw. zu Sklaven unserer Emotionen werden. Vielmehr gilt es, den Blick zu heben aus der körperlich-irdischen, emotionalen Ebene hin zur geistigen Ebene – jener Ebene, die den Emotionen übergeordnet ist und der die Wogen einer stürmischen See (überkochende Emotionen) nichts anhaben können ...

Energieschloss 20 hilft **Entscheidungen** zu treffen und sich aus **emotional-psychischen Abhängigkeiten** zu befreien.

Und – natürlich können wir – wie bei jedem Energieschloss – auch hier heilsam auf Probleme bzw. »Projekte« einwirken, deren Symptome im Bereich von Energieschloss 20 liegen.

Dazu gehören neben **Spannungen im Kopfbereich** und **Kopfschmerzen** auch **Ohrenprobleme** (wie z. B. Ohrenschmerzen) und **Gedächtnisstörungen**.

Energieschloss 20 liegt fernerhin exakt auf dem Stromverlauf des **Gallenblasenstroms**, einem der drei absteigenden, also die Energie nach unten, körperabwärts führenden Organströme des Menschen.

Der Gallenblasenstrom ist einer der wichtigsten Organströme zur Vorbeugung von **Schlaganfall**, und das bedeutet, dass Energieschloss 20 uns auch hier bedeutsame Hilfe und Vorbeugung geben kann, vor allem in Kombination mit Energieschloss 12, was dem ersten Schritt (Ankerschritt) des Gallenblasenenergiestroms entspricht.

Schlaganfall entsteht durch einen Überdruck im Gehirn, so dass wir zur Vorbeugung immer danach trachten sollten, die Energie aus dem Kopf die Körpervorderseite körperabwärts zu führen.

Zur Erinnerung: Die Energie strömt die Körperrückseite hinauf, und die Körpervorderseite wieder hinunter.

Wir können die Energie hinunterführen, indem wir z. B. eine Hand in den Nacken (Energieschloss 12 oder/und 4) legen und die andere Hand zunächst auf Energieschloss 20 legen, und anschließend das jeweils nächste Energieschloss strömen (bis Energieschloss 22); (siehe auch Strömanleitung Seite 182). So »ziehen« wir die blockierte Energie aus dem Kopf nach unten.

Oder wir können eben, wie gesagt, den ersten Schritt des Gallenblasenstroms strömen, und unterstützen den Energiestrom in seiner Körper-abwärtsbewegung so ebenfalls.

Der Bezug von Energieschloss 20 zur Blasenenergie ist es auch, welcher Energieschloss 20 auch zum »Nervenhelfer« macht. Dies bedeutet, dass wir durch das Strömen von Energieschloss 20 heilsamen Einfluss nehmen können auf **Neuralgien** und **Trigeminusschmerzen**.

**Gleichgewichtsstörungen** können ebenfalls durch das Strömen von Energieschloss 20 positiv beeinflusst werden.

## Strömen von Energieschloss 20

Am einfachsten strömst Du Energieschloss 20, indem Du die Fingerspitzen der rechten Hand sanft auf das rechte Energieschloss 20 und die Fingerspitzen der linken Hand sanft auf das linke Energieschloss 20 legst (siehe Foto Seite 184).

Für den oben beschriebenen Ankerschritt des Gallenblasenstroms (besonders wirkungsvoll zur Vorbeugung von und bei starken Kopfschmerzen und Migräne sowie zur Schlaganfallvorbeugung) legst Du die Finger der linken Hand auf das linke Energieschloss 12 und mit den Fingern der rechten Hand strömst Du das rechte Energieschloss 20. Für die andere Seite kehrst Du die Hände entsprechend um, also die Finger der rechten Hand auf das rechte Energieschloss 12 und die Finger der linken Hand auf das linke Energieschloss 20.

Für den ebenfalls oben beschriebenen Griff zur Aktivierung des Abwärtsstroms der Energie (die Körpervorderseite hinunter), legst Du die Finger der linken Hand auf das linke Energieschloss 4 und strömst gleichzeitig mit der rechten Hand das rechte Energieschloss 20. Nach 1–3 Minuten wandert die rechte Hand weiter zum rechten Energieschloss 21 unter dem rechten Wangenknochen und sodann – ebenfalls nach einigen wenigen Minuten Strömzeit – zum folgenden Energieschloss, dem rechten Energieschloss 22 unter dem rechten Schlüsselbein.

Um die andere Seite zu strömen, kehrst Du die Sequenz einfach um bzw. wechselst Du die Hände, also rechte Hand auf das rechte Energieschloss 4, gleichzeitig mit den Fingern der linken Hand das linke Energieschloss 20 strömen, dann Energieschloss 21 usw.

Diese aus drei Schritten bestehende Strömsequenz ist hochwirksam zum **Lösen von Spannungen im Kopf**, zur **Stressbeseitigung** sowie zur **Anregung des Lymphflusses im Gesicht**.

## Energieschloss 21

# Entkommen aus geistiger Gefangenschaft!

Von der Stirn wandern wir weiter zum Wangenknochen, genauer gesagt genau unter den Wangenknochen, zu Energieschloss 21.

Die 21 ergibt in ihrer Quersumme die 3, den Schöpfungsfunken, die Zahl des Potentials und des ewigen Lebensstroms …

Der Lebensstrom[36] des Menschen ist die »Vorstufe« zur körperlichen Ebene. Es ist die zwischen Wahrheit und »Wirkung der Wahrheit« vermittelnde SEELE, Vollendung und ewiger Neubeginn zugleich …

Der Lebensstrom ist der wichtigste Energiestrom des Menschen – ist er in Harmonie, strömt er ohne Blockaden, geht es dem Menschen gut, strahlt er sozusagen von »innen« …

Dieses Gefühl des harmonisch fließenden Lebensstroms, dieses Gefühl vollkommener **Harmonie** und **Glückseligkeit**, dieses Gefühl *ist* die **Große Arkana XXI**, **Die Welt!**

---

[36] *Der Lebensstrom ist der wichtigste Energiestrom des Menschen. Er ist das »menschliche kosmische Ei«, beschrieben in Wort und Bild von der Autorin in ihrem Buch »Der Mond und der kosmische Code der Schöpfung«.*

Im Gegensatz zur Karte XIX, die Sonne, jedoch, ist die Bedeutung der Karte XXI, der 21 und letzten großen Arkana-Karte (mit der 0, der Narr, als Anfangskarte gerechnet), noch mehr eine innere, emotionale Befriedigung, als die Karte XIX, welche eher auf irdischen Erfolg, Glück und Gewinn deutet.

»Die Welt« ist die harmonische Verschmelzung der **4** Elemente des Zodiaks, dargestellt neben dem grünen Kranz durch die 4 fixen Zeichen des Zodiaks, dem (von vorne auf die Karte sehend) unten links liegenden **Stier** (Element Erde), dem **Wassermann** (Element Luft, oben links), dem **Adler/Skorpion** (Element Wasser, oben rechts) sowie dem **Löwen**, welcher das Element Feuer repräsentiert.

Die schwebend-tanzende Gestalt innerhalb des satten grünen Lorbeerkranzes – Symbol für den Sieg bzw. die Meisterung über die 4 Elemente des Zodiaks, die 12 Tierkreiszeichen (Organkräfte) und deren Aufgaben! – bildet mit ihren Beinen (wie wir es bereits vom dem »Gehängten, der Karte XII« kennen) ein Dreieck, Symbol für die 3, den sich durch die 4 Elemente manifestierenden Schöpfungsfunken, und hält in ihren Händen denselben Stab, den bereits der Magier unserer Großen Arkana I in seiner Rechten (von dem Magier aus gesehen) hielt: die Himmel und Erde verbindenden magischen Stäbe –

... die »Zauberstäbe« zur Manifestation des Himmels auf Erden, zur Errichtung des Heiligen Jerusalems ...

... ein Akt der Schöpfung, welcher – das drückt die schwebende Gestalt mit dem um sie herum geschlungenen Band klar und deutlich aus – pure **Leichtigkeit** und **Freude** ist –

Reines, sorgloses *Sein* desjenigen Menschen, der seine **Sorgen** und seine **störenden, kreisenden Gedanken** losgelassen hat, und genau dies ist das Thema unseres Energieschlosses 21!

Energieschloss 21 liegt am Beginn des Magen-Energiestroms – jenes Organstroms, welcher auch als »Lebensstilharmonisierer« bekannt ist und welcher den Menschen befreit von Sorgen und den **Magen** – und damit auch den um den Magen liegenden Solarplexus – in gelb-goldenem Licht, dem Licht der Erfüllung, erstrahlen lässt ...

Das Strömen von Energieschloss 21 bringt **Licht** in ein von **Depression** getrübtes Dasein und gilt zudem als ausgesprochenes **»Schönheits-Energieschloss«! ...**

... es unterstützt den Lymphfluss im Gesicht (insbesondere wenn es in Kombination mit dem Folge-Energieschloss 22 geströmt wird) und klärt dadurch auch die **Augen**.

In Kombination mit Energieschloss 4 zusammen geströmt (siehe Strömanleitung unten) ist Energieschloss 21 tatsächlich eines der wichtigsten und effektivsten Energieschlösser zur Pflege müder und trüber Augen – ja zur **Harmonisierung sämtlicher Augenprobleme!**

Ein anderes »Projekt«, auf welches Du harmonisierend und heilend durch die Öffnung von Energieschloss 21 einwirken kannst, ist bzw. sind Entzündungen der Nasennebenhöhlen. Auch hier gilt es: Die in den Nasennebenhöhlen gestaute Energie muss abfließen, sprich, sie muss nach unten, in Richtung der Füße »gezogen« werden ...

... und wie tun wir dies? Indem wir – wie gesagt – das Öffnen von Energieschloss 21 unterstützen durch das Strömen des Folge-Energieschlosses, also Energieschloss 22 unter dem Schlüsselbein.

In dem Moment, wo Du dieses Prinzip des »wohin-will-die-Energie« bzw. »wohin-muss-ich-die-Energie-ziehen« verstehst, hast Du Dich bzw. Deine Gesundheit in Deiner Hand – sprichwörtlich!

Es ist eine Sache, Symptome in Büchern nachzuschlagen und eine andere Sache, selbst zu verstehen, *warum* wir für ein bestimmtes Symptom *welchen* Griff anwenden.

Ich habe mit meinen Büchern generell zum Ziel, dem Leser das Verständnis für das *WARUM* zu übermitteln, das Verständnis und das Gefühl für das Licht, die Energie, die er selbst *ist* ...

Betrachten wir Energieschloss 21 also weiter aus der Sicht des »warum-wirkt-es-wie-es-wirkt«:

Energieschloss 21 liegt auf der Körpervorderseite und damit auf dem absteigenden Energiepfad (denn die Energie strömt ja die Körperrückseite hinauf und die Körpervorderseite hinunter).

Energieschlösser auf der Körpervorderseite helfen generell »Loslass-Projekten«, also sprich, alles, was wir loslassen wollen, wie zum Beispiel Gewicht ...

Energieschloss 21 ist eines der wichtigsten Energieschlösser zur Unterstützung der **Gewichtsreduktion** – weil es zum einen auf der Körpervorderseite liegt und weil es zum anderen Teil des ersten Schrittes (des sogenannten Ankerschrittes) des Magenstroms ist.

Energieschloss 21 ist der Beginn des Magenstroms und der Magenstrom mit seinem Sinnesorgan Mund ist der Organstrom, der Nahrung als erstes empfängt. Hier beginnt die Kette von »Verdauung und Aussortieren« und von hier aus bzw. besser gesagt vom »Schlüssel-Energieschloss« dieses Beginns können wir auch entscheidenden Einfluss auf die Fettverbrennung bzw. -ansetzung nehmen.

Auch hier können wir zur Unterstützung ein weiteres Energieschloss hinzunehmen, und zwar idealerweise Energieschloss 23 am Rücken. Energieschloss 23 bringt – wie wir später erfahren werden – alles ins Fließen, es ist das Schlüssel-Energieschloss für das Element Wasser mit seiner Emotion *Angst*.

Fettansammlungen haben immer auch mit dem Thema »Angst« zu tun, und die Kombination von Energieschloss 21 (Loslassthemen) mit Energieschloss 23 (Wasserelement/Thema »Angst«) ist aus diesem Grund einer der wirkungsvollsten Griffe zur Gewichtsreduktion.

Und – natürlich unterstützt das Strömen von Energieschloss 21 auch generell **Magenprobleme** und **Verdauungsprobleme** bzw. »-projekte«.

Energieschloss 21 befreit und bringt einem im wahrsten Sinne des Wortes »auf Trab«, wirkt jedoch – je nachdem, was der Körper gerade benötigt – auch beruhigend und kann daher auch wunderbar als Einschlafhilfe genutzt werden (nicht zuletzt deshalb, weil es hilft, störende bzw. kreisende Gedanken loszulassen).

Es verhilft zu **innerer Sicherheit** und gibt **Selbstbewusstsein** (beides Themen der 1. Tiefe, der Muttertiefe der Magenenergie!).

Nichts ist schlimmer, als wenn man sich »selbst das Leben zur Hölle macht« – sei es durch **fixe Ideen**, **manische Zwänge** oder **Fanatismus** ...

Energieschloss 21 ist das »Schlüssel-Energieschloss« für eben diese selbst auferlegten – und grundsätzlich mit mangelndem Selbstbewusstsein(!) zusammenhängenden – *Süchte*, wobei eine »Sucht« ja immer in erster Linie eine *Suche* ist ...

... eine bzw. *die* große – und meist lebenslange – Suche nach dem Wahren Selbst – der wahren Heimat des Menschen!

Mit der Großen Arkana XXI ist diese Suche »vollendet« – Suchen ist nicht mehr nötig, denn der Mensch hat sein Ziel, die Erkenntnis durch Meisterung seiner Selbst – erreicht!

## Strömen von Energieschloss 21

Lege sanft die Finger(spitzen) Deiner rechten Hand auf das rechte Energieschloss 21 und gleichzeitig die Finger(spitzen) Deiner linken Hand auf das linke Energieschloss 21 (siehe Foto Seite 192).

Um den Energiestrom die Körpervorderseite hinunter intensiv zu unterstützen, kombiniere Energieschloss 21 mit seinem Folge-Energieschloss 22, indem Du (für die rechte Seite) das rechte Energieschloss 21 mit den Fingern der linken Hand strömst und gleichzeitig das rechte Energieschloss 22 mit den Fingern der rechten Hand strömst. Für die andere Seite wechselst Du die Hände entsprechend.

Die Energieschloss-Kombination zur **Pflege der Augen** ist folgende:

Ströme das linke Energieschloss 4 mit den Fingern Deiner rechten Hand und gleichzeitig das rechte Energieschloss 21 mit Deiner linken Hand (siehe Foto Seite 194). Für die andere Seite wechselst Du die Hände entsprechend.

Um die Gewichtsabnahme zu unterstützen, ströme Dein rechtes Energieschloss 21 mit den Finger(spitzen) Deiner rechten Hand und gleichzeitig das linke Energieschloss 23 mit Deiner linken Hand.

Für die andere Seite wechselst Du die Hände entsprechend (siehe Foto Seite 193).

# Energieschloss 22
# VOLLSTÄNDIG

Gibt es eine »Steigerung« nach unserer Großen Arkana XXI? Kann man das wundervolle Gefühl des »die-Lebenswünsche-erreicht-habens« noch toppen?

Die Antwort geben uns sowohl Energieschloss 22 unter dem Schlüsselbein mit seiner Bedeutung »Vollständig« sowie die **Große Arkana 0, der NARR** ...

An Energieschloss 22 unter dem Schlüsselbein »fließt« alles zusammen – es gilt als Kreuzungspunkt aller Energiebahnen, von hier kann alles erreicht – und damit auch harmonisiert werden ...

Energieschloss 22 ist eines der Hauptenergieschlösser zur Harmonisierung von **»Angst« und Panikattacken** ...

Die Wirkung ist kraftvoll und zuverlässig, ich erinnere mich an ein Erlebnis, welches ich selbst vor vielen Jahren mit Energieschloss 22 als »Panik-Auflöser« hatte ...

Zu jener Zeit ging es mir körperlich und seelisch nicht gut – mein gesamter Körper war auf Grund einiger vorangegangener schlimmer Erlebnisse »in Aufruhr«.

Das direkte Resultat waren regelmäßige Panikattacken, wann immer ich z. B. alleine auf Reisen ging, oder auch wenn ich enge Räume, wie z. B. Fahrstühle, betrat oder die U-Bahn nutzen musste ...

Energieschloss 22 war zu jener Zeit mein treuester Helfer und Begleiter ... Wann immer Panik sich breitmachte, begann ich Energieschloss 22 zu strömen und die Angst löste sich innerhalb weniger Minuten förmlich auf ...

Energieschloss 22 gilt als Harmonisierer für die 4 Elemente irdischen Lebens – und genau darum geht es schlussendlich ja immer: um die Meisterung bzw. Harmonisierung der 4 Schlüsselemente des Lebens, die Meisterung der 4, damit die 3 zur 12, der erhöhten, sich ihrer selbst *bewussten* 3 werden kann!

Wenn die 4 Elemente des Lebens in Harmonie miteinander den »Tanz des Lebens tanzen«, dann fühlt sich das Leben wahrlich wie ein Tanz an – leicht, frei und ein-fach, ohne Mühe!

In seiner Quersumme ergibt die 22 selbst die 4, die erhöhte, sich ihrer Selbst *bewusst* gewordene 4, den Menschen, der die Materie gemeistert hat und im wahrsten Sinne des Wortes »darüber« steht ...

Ja, und »darüber zu stehen« bzw. leichtfüßig »zu tanzen« das scheint der »Narr« unserer Großen Arkana-Karte O, der Karte des neuen Schöpfungsimpulses, des neuen Kreislaufes der Verkörperung des Schöpfungsfunkens ...

Die 0 enthält das gesamte Potential der Schöpfung in sich, sie ist zugleich **anfangloser Beginn als auch endlose Vollendung** ...

... und das Wissen um dieses ewige Sein, das Wissen darum, dass es absolut nichts zu »fürchten« gibt, dass für uns immer »gesorgt« ist (symbolisiert durch die über dem Stab hängende Tasche des Narren), das vermittelt der sorglose, blondgelockte junge Mann der Karte 0 ...

»Narr« hat leider in unserer heutigen Gesellschaft meist einen negativen, dümmlichen Beigeschmack; dabei hatten »Narren« im Mittelalter die oftmals gar nicht leichte – und sehr verantwortungsvolle – Aufgabe, ihre adeligen Herren sowie deren Gefolge und Gäste aufzumuntern und »bei guter Laune« zu halten ...

Bei den Gästen der adeligen Herren handelte es sich oft um Herrscher anderer Staaten und Provinzen, und es hing oftmals viel davon ab, wie harmonisch und zufriedenstellend ein Besuch vonstattenging ...

Dem Narren kam im Grunde hier die Hauptaufgabe zu, denn er musste die »Gäste gut stimmen«, damit sie eher bereit waren, sich auf Verhandlungen einzulassen.

Die Hintergrundfarbe unserer Karte 0, der Karte des sorglosen Neubeginns, ist strahlendes Gold-Gelb, die Farbe des ewigen und vollkommenen Potentials!

Der Narr »weiß«, dass ihm alles, was er benötigt, zur Verfügung steht! Seine Stiefel (die Basis seiner Handlungen) entsprechen farblich dem gold-gelben Potential, der WAHRHEIT!

Über seiner Schulter trägt er einen Stab – Sinnbild für die Verbindung von Himmel und Erde, die Verschmelzung von Hohem Selbst und Ego, die Verbindung der 4 Elemente, der Bedeutung von unserem Energieschloss 22!

Und auch hier – wie so oft – können wir wieder Lorbeeren (Symbol für Sieg und Glück) entdecken (als Hauptkranz) sowie eine Rose – eine weiße Rose, Sinnbild für den Beginn der Entfaltung des fünfzackigen Sterns, den in die Manifestation strebenden Schöpfungsfunken!

Das schroffe Gebirge im Hintergrund zeigt die Hürden und Probleme an, die es wohl im Verlaufe der Reise zu meistern geben wird – doch der Jüngling, die O, weiß, dass das alles überscheinende und erhellende goldene Licht der 7. Tiefe (des siebten Himmels!, der Wahrheit!) stärker und mächtiger ist als jedes »Problem«, ja, dass wir durch die Nutzung dieses – unseres!! – Potentials ALLES meistern können und werden!

Die Kleidung des Narren enthält in ausgewogener Form die Farben der irdischen Elemente, Gelb, Grün, Blau und Rot – man beachte auch die weit ausholenden Ärmel mit der Innenfarbe Rot – es ist sicherlich kein Zufall, dass das Rot ausgerechnet im Bereich von Energieschloss 19 liegt (natürliche Autorität!), der Energieschlossentsprechung unserer Sonnen-Karte XIX!

Was können wir durch das Strömen von Energieschloss 22 erreichen?

Neben der Harmonisierung von Angst und Panikattacken hilft uns das Strömen von Energieschloss 22 generell, uns mit **neuen Lebenssituationen** zurechtzufinden und hilft z. B. auch bei **Wetterfühligkeit**.

Durch seine Lage im Bereich der Lungen kann es bei jeglichen **Atembeschwerden** angewandt werden. Die Nähe zur Schilddrüse wiederum macht Energieschloss 22 auch zum Helfer bei **hormonellen Problemen** wie zum Beispiel Probleme mit und in den **Wechseljahren**. Für diesen Fall gibt es einen Spezialgriff, den ich unten unter der Strömanleitung angebe.

Energieschloss 22 ist fernerhin das wohl wichtigste Energieschloss zur **Schlaganfallvorbeugung!** Wenn Energieschloss 22 offen ist und die Energie hier frei abfließen kann, ist ein Schlaganfall im Grunde nicht möglich!

Das tägliche Strömen von Energieschloss 22 zum Beispiel abends vor dem Einschlafen sollte also besonders für **Blutdruckpatienten** und generell für **schlaganfallgefährdete Personen** tägliche »Pflichtübung« sein bzw. werden!

Energieschloss 22 wird manchmal übrigens auch als »Bahnhof« bezeichnet, da sich die Energien hier »sammeln« und auch wieder »zerstreuen«.

Es ist ein im wahrsten Sinne allumfassendes Energieschloss, welches eine neue Ära für die Energieschlösser einleitet:

Ab hier haben wir noch 4 ebenfalls als »allumfassende« Energieschlösser bezeichnete Energieschlösser, denn diese Energieschlösser schwingen so hoch, dass sie weniger differenziert sind als ihre Vorgänger ...

Tatsächlich ist unsere Reise durch die 22 großen Arkana-Karten mit dem Narren auch beendet, bzw. wir haben mit der 22 den Samen für einen neuen Zyklus gelegt ...

Die nun noch folgenden 4 Energieschlösser gehören energetisch der Vollendung und dem Neubeginn zu einem neuen Zyklus an ...

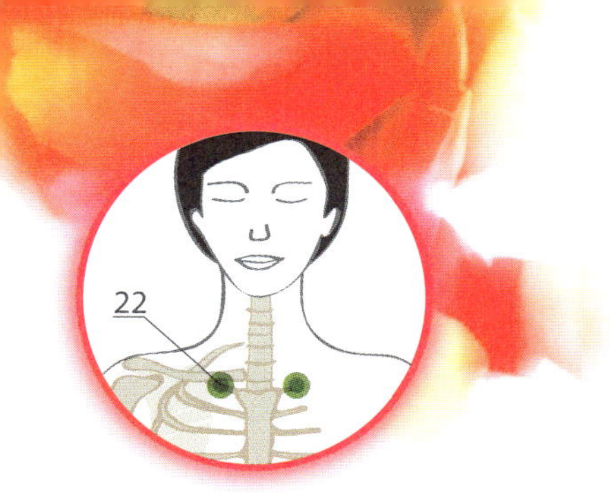


## Strömen von Energieschloss 22

Kreuze die Arme vor Deiner Brust und ströme das rechte Energieschloss 22 mit den Fingern bzw. Fingerspitzen Deiner linken Hand und Dein linkes Energieschloss 22 mit den Fingern Deiner rechten Hand. Energieschloss 22 ist exakt in der Mulde unter dem Schlüsselbein (siehe Foto Seite 203).

**Extra-Tipp:** Du kannst dieses Energieschloss auch »klopfen«, um die Energien des ganzen Körpers schnell auf Trab zu bringen! Diese Übung eignet sich besonders am Morgen, kann jedoch zu jeder Tages- und Nachtzeit angewandt werden, wann immer Du das Gefühl hast, dass Deine Energien einen »kleinen Anstoß« benötigen. Da Energieschloss 22 als »Ort der allgemeinen Sammlung und Zerstreuung« gilt, erreichst Du sowohl durch das Strömen als auch durch das Klopfen von Energieschloss 22 immer den gesamten Körper!

### Hormon-Harmonisierung

Für den Spezialgriff zur Hormonharmonisierung legst Du (für die linke Seite) die Finger Deiner linken Hand in die Mulde **über**(!) dem linken Schlüsselbein, d. h. Du »drückst« mit Deinen Fingern mit etwas Druck oberhalb des Schlüsselbeins nach unten und strömst gleichzeitig mit Deiner rechten Hand das linke Energieschloss 26, indem Du die Hand unter die linke Armbeuge legst und der Daumen nach oben zeigt, während die restlichen Finger auf dem Muskel, welcher sich beim Heben und Senken des Armes mitbewegt, hinter dem Arm liegen (siehe Foto Seite 204). Für die andere Seite wechselst Du entsprechend die Hände, also rechte Hand in die Mulde über dem rechten Schlüsselbein und mit der linken Hand strömst Du das rechte Energieschloss 26.

# Energieschloss 23
# Im FLUSS sein!

*Im Fluss sein* bzw. *Leben ist Fluss* ist die Bedeutung von Energieschloss 23 am Rücken, unterhalb des letzten Rippenbogens ...

Energieschloss 23 wird von vielen als »wichtigstes« Energieschloss angesehen ...

Warum?

Weil »im Fluss sein« alles ist! Im Fluss sein ist immer(!) gleichbedeutend mit **Heilung** und **Gesundheit**, mit Angst-Freiem Leben, mit der Fähigkeit, die **richtigen Lebens-Entscheidungen** zu treffen, mit der Fähigkeit des Körpers, sich immer wieder selbst zu **reinigen** und zu **regenerieren**, mit einem **starken Immunsystem**, mit der Fähigkeit, aus der Mitte heraus zu handeln, mit einer **gesunden Sexualität** ...

Wenn man sich die soeben aufgeführten Punkte ansieht, könnte man ja im Grunde sagen, dass »im Fluss sein« *alles* ist bzw. dass – wenn Energieschloss 23 in Harmonie ist – der gesamte Körper in Harmonie ist ...

Energieschloss 23 sollte tatsächlich vor allem bei sämtlichen chronischen und schwerwiegenden Projekten, wie z. B. bei **Krebs** (vor allem bei Chemotherapie!!), **Borreliose**, **Aids**, **Diabetes** und bei sämtlichen **Lymphproblemen** die Basis einer jeden Behandlung bilden.

Jegliche Infekte beginnen generell mit einer »Überladung« bzw. mit einer Überforderung der reinigenden Organe **Niere**, **Leber** und **Milz** bzw. mit Energieschloss 23, welches zu diesen drei Organen in direktem Bezug steht.

Energieschloss 23 ergibt in seiner Quersumme die 5 – die Zahl des fünfzackigen Sterns und des Menschen, und die Große Arkana V, der Hierophant, ist denn auch der perfekte Ausdruck der 23 in Harmonie. Im Fluss sein bedeutet »die Verbindung sein« zwischen Himmel und Erde. Es bedeutet mit Weisheit führen zu können – sowohl sich selbst als auch die Gemeinschaft –, genau die Themen also der Großen Arkana V, siehe auch das entsprechende Kapitel!

Ich hatte Energieschloss 23 bereits erwähnt bei der Besprechung von Energieschloss 14 – jenem Energieschloss, welches ebenfalls in seiner Quersumme die 5 ergibt und welches körperlich gesehen auf »einer Höhe« liegt wie Energieschloss 23, denn Energieschloss 14 liegt auf der Körpervorderseite direkt unter dem Rippenbogen im Bereich von Leber und Milz, während Energieschloss 23 unter dem Rippenbogen auf der Körperrückseite liegt. Durch das Strömen von Energieschloss 23 erreichen wir ebenfalls die Organe Leber und Milz, ebenso wie den Magen, dessen Organstrom mit einem Stromzweig direkt in Energieschloss 23 mündet …

Energieschloss 23 hat jedoch im Vergleich zu Energieschloss 14 einen stärkeren Bezug zu den Nieren – dem wichtigsten Organ zur kontinuierlichen Körperreinigung und Aufrechterhaltung des gesunden Lebens-Kreislaufs!

Diejenigen Leser, die sich mit den von mir in meinem Buch beschriebenen Organstromverläufen auskennen, wissen, dass sowohl der Nieren- als auch der Blasenstrom die gesamte Rückenlänge hinunterströmen und dabei auch Energieschloss 23 passieren. Sind diese beiden Organströme in Harmonie, ist auch Energieschloss 23 »offen« und »frei«. Umgekehrt unterstützt das Strömen und Öffnen von Energieschloss 23 immer auch die Blasen- und Nierenenergie.

Energieschloss 23 eignet sich übrigens wunderbar, um einen beginnenden **Infekt** zu harmonisieren, so dass es gar nicht erst zum Ausbruch kommt.

Wenn Energieschloss 23 frei ist und der freie Fluss von Nieren- und Blasenstrom Bakterien und Abfallprodukte abtransportieren kann, nehmen wir dem Infekt sozusagen die »Grundlage«, wir entziehen ihm den Boden ...

In der Strömanleitung unten gebe ich hierfür die besonders effektive Energieschloss-Kombination von Energieschloss 23 plus Energieschloss 5 an ... auch hier haben wir es also wieder mit der 5 zu tun – gleich im Doppelpack!

Die 5 – wir erinnern uns – steht immer für **Transformation**, und mit der 23 haben wir diese Transformation gleich in doppelt erhöhter – und damit verstärkter – Form!

Wenngleich Energieschloss 23 jedoch eine sehr hohe Schwingung hat, erreichen wir mit diesem Energieschloss dennoch in besonderer Form die körperliche Ebene – was zum Beispiel ein wichtiger Punkt ist bei der Harmonisierung von **Suchterkrankungen** ...

Sucht – darüber hatten wir auch schon gesprochen – ist immer in erster Linie eine Suche – die große Suche nach dem Selbst. Die Nierenenergie als Schicksals-Energie des Körpers und Energieschloss 23 als »Schicksals-Energieschloss« haben einen besonderen Bezug zu dieser – unserer – Suche. Jegliche Sucht = Suche sollte daher immer auch durch die Aktivierung der Nierenenergie bzw. durch die Öffnung von Energieschloss 23 »angegangen« bzw. harmonisiert werden. Energieschloss 23 harmonisiert in erster Linie die **körperlichen Aspekte** einer Sucht, während Energieschloss 13 mehr auf die emotionalen Aspekte eingeht – beides ist wichtig und essentiell, weshalb mein Rat für Suchtkranke ist, beiden Energieschlössern besondere Aufmerksamkeit zu widmen!

Durch das Strömen von Energieschloss 23 (oder der Finger-Entsprechung »kleiner Finger«, siehe Kapitel »Die Energieschlösser in Deiner Hand«) kannst Du fernerhin Deinen **Blutdruck** harmonisieren, ganz gleich, ob er tendenziell zu hoch oder zu niedrig ist.

Menschen mit Blutdruck-Problemen und Problemen mit ihren **Blutwerten** sollten regelmäßig ihr Energieschloss 23 strömen und/oder den kleinen Finger halten.

Und – wie bereits bei Energieschloss 21 erwähnt, hilft uns Energieschloss 23 bzw. die Kombination von Energieschloss 21 (Entkommen aus geistiger Gefangenschaft, Loslassen auf mentaler Ebene, »Verdauung des Lebens«!) und Energieschloss 23 (alles, also auch die überflüssigen Kilos ins Fließen bringen) beim **Abnehmen!** (siehe Strömanleitung Seite 210)

Vor allem bei kleinen Kindern ist das Strömen von Energieschloss 23 oftmals sehr hilfreich bei **Bauchschmerzen** – lege einfach sanft Deine Hände unter den Bereich der Nebennieren des kleinen Patienten, die Wirkung sollte nicht lange auf sich warten lassen!

Im psychisch-emotionalen Bereich ist Energieschloss 23 DER Harmonisierer bei **Wutanfällen**, bei **Neid**, **Gier** und **Missgunst**, bei **Hyperaktivität** sowie generell bei sämtlichen **psychischen Problemen**, denn diese haben so gut wie immer(!!) mit den Nieren zu tun!

Wenn die Menschen ihre Nieren und ihr Energieschloss 23 besser pflegen würden, dann könnten die Nervenkliniken wohl bald schließen ...

»Zwei Drittel aller Nervenkranken
müssten nicht in Heilanstalten,
wenn ihre Nieren gesund wären«

Zitat von Dr. Wagner-Jauregg,
entnommen aus »Gesundheit aus der Apotheke Gottes« von Maria Treben.

Energieschloss 23 – die doppelt hohe 5 also ist in jeglicher Hinsicht ein ganz besonderes Energieschloss – es ist der perfekte Ausdruck des strömenden Wassers unserer erhöhten 5, der großen Arkana-Karte XIV, der Mäßigkeit bzw. Balance, Ausdruck des Tierkreiszeichens Waage und seines Schlüssel-Organstroms Blasenenergie, jenes Organstroms mit seinem Schlüssel-Energieschloss 23!

Energieschloss 23 reinigt uns intensiv und bereitet uns somit auf einen neuen Zyklus vor ... Es ist eines jener 4 der Vollendungs-Zahl 22 folgenden hochschwingenden Energieschlösser, die uns auf einen neuen Zyklus vorbereiten!

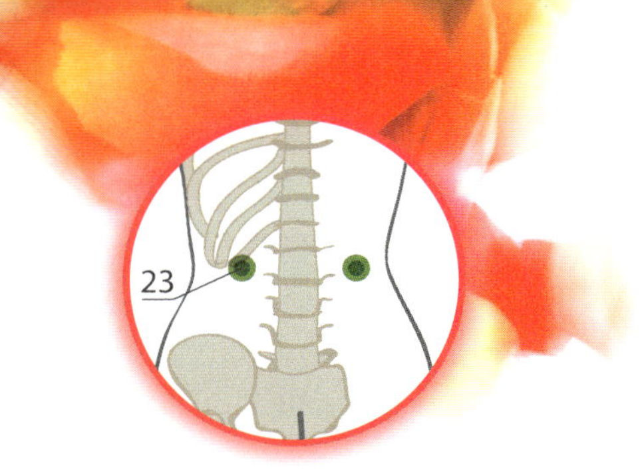


## Strömen von Energieschloss 23

Zum Strömen von Energieschloss 23 legst Du Deine rechte Hand bzw. die Finger Deiner rechten Hand auf das rechte Energieschloss 23 auf den Rücken, in den Bereich der Nebennieren, unter dem Rippenbogen.

Das linke Energieschloss 23 strömst Du gleichzeitig entsprechend mit den Fingern Deiner linken Hand (siehe Foto Seite 212).

### Ström-Tipp zur Harmonisierung eines Infektes

(damit er gar nicht erst zum Ausbruch kommt)

Ströme Dein rechtes Energieschloss 23 mit Deiner rechten Hand und gleichzeitig Dein rechtes Energieschloss 5 mit den Fingern Deiner linken Hand. Für die andere Seite wechselst Du die Hände entsprechend. Generell ist übrigens bei akuten Dingen die rechte Seite beim Strömen zu bevorzugen, denn rechts harmonisiert eher akute Projekte, während die linke Seite eher chronische Projekte harmonisiert!

### Ström-Tipp zum Abnehmen

Für meinen Ström-Tipp zum Abnehmen kombinierst Du – wie bereits bei Energieschloss 21 angegeben – Energieschloss 23 und

Energieschloss 21, indem Du Dein rechtes Energieschloss 21 mit den Finger(spitzen) Deiner rechten Hand und gleichzeitig das linke Energieschloss 23 mit Deiner linken Hand strömst.

Für die andere Seite wechselst Du die Hände entsprechend (siehe Foto Seite 213), indem Du das rechte Energieschloss 23 mit den Fingern der rechten Hand strömst und gleichzeitig das linke Energieschloss 21 mit den Fingern der linken Hand.

# Energieschloss 24
# Chaos harmonisieren

Mit der 24 erreichen wir die zweifach erhöhte 6! Erinnern wir uns an die vorhergehenden 6en, die »einfache« VI, »die Liebenden«, und die erhöhte 6, Karte XV, »der Teufel« ...

In beiden Arkana bzw. Energieschlössern ging es um das Unterscheidungsvermögen – um das Vermögen, *unterscheiden* zu können zwischen dem, was bzw. wer wir wirklich *sind* und dem, was wir vorgeben zu sein, zwischen dem, was wir *möchten* (Ego) und dem, was uns wirklich zuträglich ist bzw. förderlich ist für unsere Entwicklung ...

Die Große Arkana VI, die Liebenden, ermöglichte uns die Liebe zu entdecken, mit der XV, dem Teufel, erfuhren wir, was es bedeutet, sich durch die Begierden leiten zu lassen, und mit der 24 geht es nun darum, das Chaos zu harmonisieren, welches entsteht, wenn wir es »immer noch nicht gelernt« haben, wenn wir unserem Ruf, unserer inneren Stimme, noch immer nicht folgen!

Energieschloss 24 liegt auf der Fußaußenseite, auf der Linie des kleinen Zehs, gegenüber von Energieschloss 6. Energieschloss 24 ist das Energieschloss zur Harmonisierung wirklich »heftiger Emotionen«.

Von hier aus lässt sich **Chaos** harmonisieren – und zwar Chaos in jeglicher Hinsicht – sei es emotional oder körperlich. Wann immer Du also das Gefühl hast, dass in Deinem Leben »alles aus den Fugen« geraten ist, erinnere Dich an Deine beiden Chaos-Harmonisierer, Energieschloss 6 an der Fußinnenseite sowie seine doppelte Erhöhung, Energieschloss 24 genau gegenüber von Energieschloss 6.

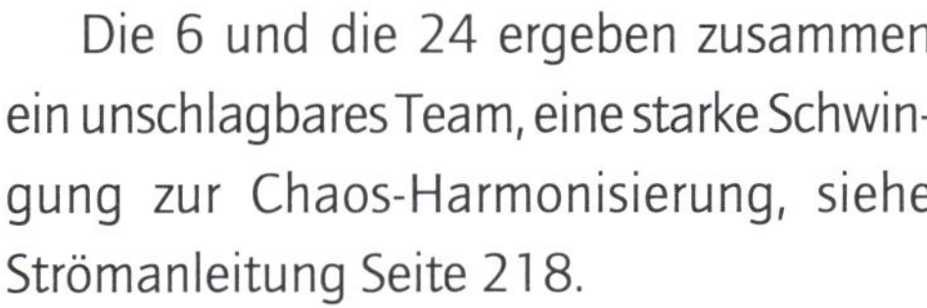

Die 6 und die 24 ergeben zusammen ein unschlagbares Team, eine starke Schwingung zur Chaos-Harmonisierung, siehe Strömanleitung Seite 218.

Zu den heftigen Emotionen, die wir durch das Strömen von Energieschloss 24 harmonisieren, gehören auch **Rachegefühle** und **Neid** – beides »Zustände«, die im Grunde aus »Angst« (der negativen Emotion der Nieren- und Blasenenergie) entstehen – aus Angst, nicht genügend zu erhalten, Angst, »benachteiligt« zu sein.

Tatsächlich ist es so, dass es beim Strömen und bei jeglichem Heilen unterschwellig *immer* in der Hauptsache um das EINE große Thema geht, nämlich um die Harmonisierung von ANGST.

In dem Moment, wo der Mensch realisiert, dass er selbst unendliches Licht, unbegrenztes Potential ist; in dem Moment, wo der Mensch realisiert, dass jegliches »Begrenztheitsdenken« in Wirklichkeit Produkt der Identifizierung mit der körperlich-irdisch-vergänglichen

Ebene ist, in dem Moment steigt der Mensch im wahrsten Sinne des Wortes aus dem Nebel, aus der Kälte und Dunkelheit auf in das Licht, welches er doch in Wahrheit in jedem Moment seines Lebens schon immer war – und auch immer sein wird(!), wenngleich wir uns durch unser eigenes Ego immer wieder in Versuchung bringen werden ...

... in die Versuchung, uns Selbst zu vergessen!

Unsere 26 Energieschlösser sind im Grunde die Schlüssel zur Erinnerung an das Selbst – wobei jedes Energieschloss uns diese Erinnerung auf die ihrer Zahl und Schwingung entsprechende Art und Weise nahebringt ...

Energieschloss 24 ist der große **Friedensstifter** – wir sollten uns seiner in den Momenten des Streits und der Auseinandersetzungen erinnern, wobei gerade dies ja leider generell die Momente sind, wo wir die naheliegendste Hilfe vergessen ...

Einige Minuten ruhig die Füße im Bereich von Energieschloss 24 (sowie eventuell zusätzlich Energieschloss 6) gehalten, werden Dich die Dinge in einem anderen Licht sehen lassen und Deine Sorgen in Leichtigkeit transformieren!

Energieschloss 24 ist auch ein wunderbares Energieschloss für kleine »Trotzköpfchen«, wobei es in dem Fall sicherlich am einfachsten ist, das Kind zu strömen, wenn es schläft, oder auch vor dem Einschlafen, denn das Strömen von Energieschloss 24 wirkt auch stark **beruhigend**.

Energieschloss 24 wird unter den Energieschlössern oftmals und völlig zu Unrecht etwas »stiefmütterlich« behandelt, was vielleicht auch daran liegt, dass es eines der wenigen Energieschlösser ist, die wir zur Aktivierung der Organströme nicht nutzen, da es in keiner der Organstromsequenzen vorkommt.

Diese Tatsache sollte uns jedoch nicht davon abhalten, Energieschloss 24 in unser tägliches Leben mit einzubeziehen, um das Leben vergiftenden Streit zu harmonisieren und Chaos in Körper und Gemüt aufzulösen! ... und damit die für uns richtigen **Entscheidungen** zu treffen!

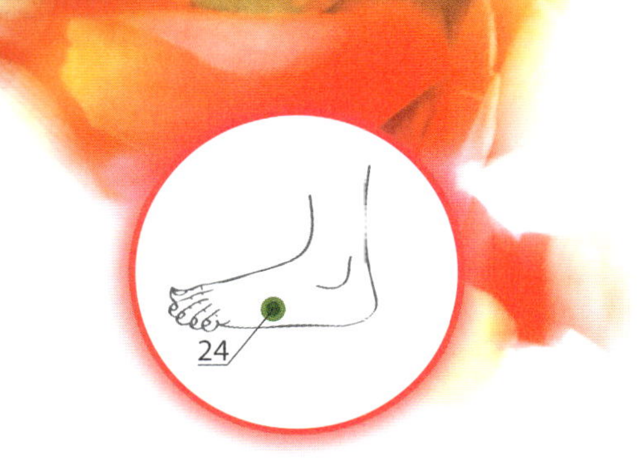


## Strömen von Energieschloss 24

Energieschloss 24 strömst Du, indem Du die Finger(spitzen) der rechten Hand auf Dein rechtes Energieschloss 24 auf der Linie des kleinen Zehs auf der Fußaußenseite legst und gleichzeitig Dein linkes Energieschloss 24 am linken Fuß mit den Fingern der linken Hand strömst (siehe Foto Seite 219).

Für meine weiter oben bereits angesprochene **»doppelte« Chaos-Harmonisierung** strömst Du Energieschloss 24 und Energieschloss 6 am selben Fuß zusammen, indem Du das rechte Energieschloss 24 mit den Fingern der rechten Hand strömst und gleichzeitig Energieschloss 6 mit den Fingern der linken Hand sanft berührst (siehe Fotos Seite 220 und 221).

Für den anderen Fuß wechselst Du die Hände entsprechend.

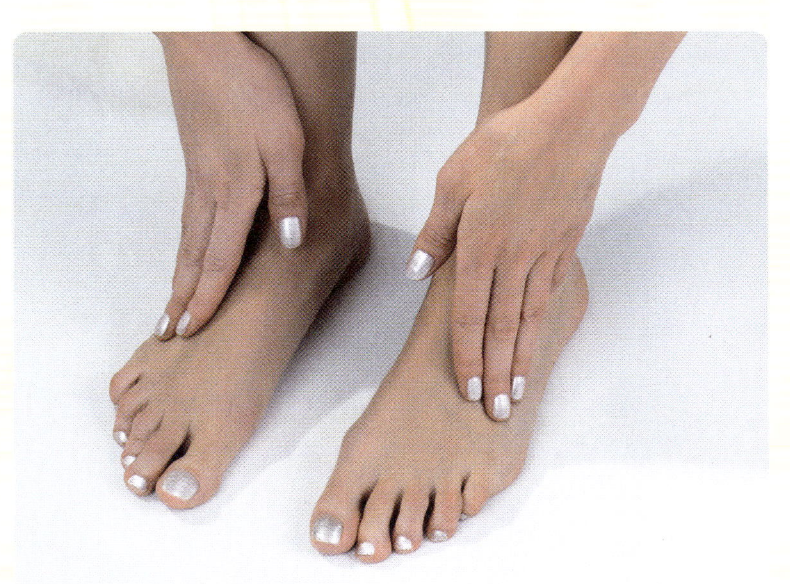

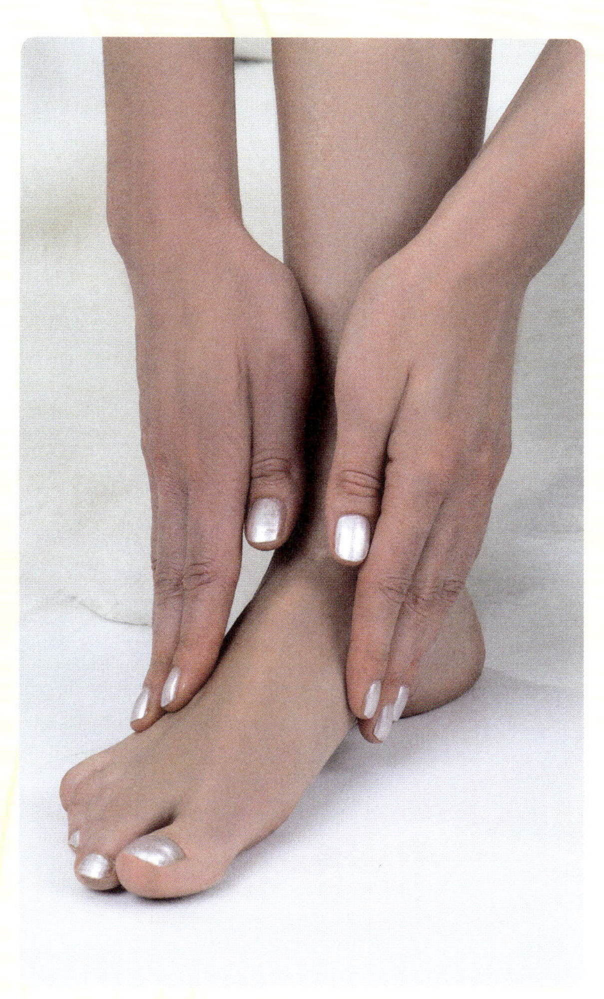

# Energieschloss 25
# Stilles Erneuern

Energieschloss 25 ist eines der Energieschlösser, welches sich vor allem Kinder unbewusst – aber dennoch mit großer Wirkung – immer wieder zwischendurch strömen, und zwar wenn sie auf dem Boden hocken und dabei ihre Gesäßknochen mit den Fußballen berühren ...

... oder wenn sie sich – zum Beispiel zum Verdruss der Lehrer in der Schule – auf die Hände setzen.

Energieschloss 25 liegt – ebenso wie Energieschloss 23 – auf dem Verlauf des Blasenstroms und hat damit – ebenfalls wie Energieschloss 23 – in erster Linie mit **Entgiftung** und **Regeneration** zu tun.

Regeneration geschieht immer in der und durch die Ruhe, das In-sich-Hineingehen. Und Aktion und Handlung wiederum hat als Basis, sozusagen als Kern und Voraussetzung, generell die Ruhe und das Regenerieren. Aus der Ruhe heraus entwickelt man **Wachheit**, **Geistes-Klarheit** und **Reaktionsvermögen**.

Dass dies – und somit das Strömen von Energieschloss 25 – sogar lebensrettend sein kann, konnte ich selbst einst am eigenen Leib erfahren, als ich vor einigen Jahren mit meiner Familie im

Winter in die italienischen Alpen fuhr. Meine Schwester saß am Steuer, ich saß auf dem Beifahrersitz auf meinen Händen und strömte Energieschloss 25, in erster Linie um die **Durchblutung der Beine** anzuregen, als wir eine in jeder Beziehung heikle, schmale und kurvige – und dazu noch vereiste – Bergstraße hinauffuhren. Plötzlich kam uns um eine scharfe Kurve ein großer Reisebus entgegen, dessen Fahrer uns jedoch nicht sah, und der direkt auf uns zufuhr und drohte, uns zu zerquetschen. Meine Schwester war durch den Schreck wie gelähmt.

»Ohne zu denken«, nur durch von innen geführtes schnellstes Reaktionsvermögen, schnellte meine Hand auf die Hupe, wodurch der Busfahrer uns bemerkte und noch rechtzeitig bremsen konnte.

Diese schnelle und lebensrettende Reaktion verdankte ich – das war mir damals auch sofort klar – Energieschloss 25, welches ich bis zu dem Moment sicherlich mindestens 20–30 Minuten durch das »auf-den-Händen-sitzen« geströmt hatte.

Energieschloss 25 ist – so wie auch Energieschloss 23 – eines der **regenerierendsten** und gleichzeitig **beruhigendsten Energieschlösser**.

Es regeneriert, indem es den Blasenstrom unterstützt und den Körper, die **Nerven** und sämtliche Körperzellen intensiv **entgiftet**.

Menschen mit schwacher Blase haben sicherlich schon des Öfteren die Erfahrung gemacht, dass das Sitzen auf kalten Steinen oder Bänken »direkt auf die Blase« geht und oftmals sogar zu einer Blasenentzündung führt.

Anders herum können wir über den selben Bereich, eben den Bereich unterhalb des Sitzbeinknochens, wo sich Energieschloss 25 befindet, auch heilsam und harmonisierend auf die **Blase** einwirken – und über die Blasenenergie erreichen wir automatisch auch die für körperliche und geistige Fitness so essentielle **Nierenenergie**!

Das Strömen von Energieschloss 25 wird auch als **»Jogging im Sitzen«** bezeichnet, da es tatsächlich dieselben Wirkungen hat wie richtige »Körper-Ertüchtigung«, nur eben ohne die körperliche Anstrengung! Es aktiviert den **Kreislauf**, fördert die **Durchblutung**, fördert den **Muskelaufbau** und aktiviert die **Gehirnfunktionen!**

Und – Energieschloss 25 hilft nicht nur als »Ersatz« für körperliche Ertüchtigung, sondern ist auch wunderbar geeignet, die Folgen von anstrengendem körperlichen Training zu harmonisieren, denn es hilft auch zur Harmonisierung bei **Muskelkater!**

Die 25 ergibt in ihrer Quersumme die 7, den Sieg der Großen Arkana VII, der Wagen! Die 25 ist die zweifach erhöhte Schwingung der 7, der große Sieg über die eigenen Gedanken sozusagen, denn kein Sieg ist so groß wie der über das eigene Ego, die eigenen störenden und ablenkenden Gedanken!

Das Strömen von Energieschloss 7 lässt die **Gedanken wieder frei** fließen und ermöglicht einem so, Probleme und schwierige Situationen »gefasst« und aus der eigenen Mitte – dem Kraftpunkt – anzugehen.

Und – auf Grund seiner entgiftenden Wirkung ist Energieschloss 25 auch eines der wichtigsten Energieschlösser zur Förderung und Aktivierung des **Immunsystems**.

Wann immer Du Dich schwach und abgeschlagen fühlst, wenn Du blass bist und die Nerven »flach« liegen, solltest Du es Dir zur Gewohnheit machen, Dich für einige Minuten ruhig auf Deine Hände zu setzen bzw. Deine Hände im Sitzen oder Liegen unter den Sitzbeinknochen zu schieben, wobei es übrigens egal ist, ob Du Energieschloss 25 mit der Handinnenfläche oder dem Handrücken strömst (ich persönlich bevorzuge die Handinnenfläche).

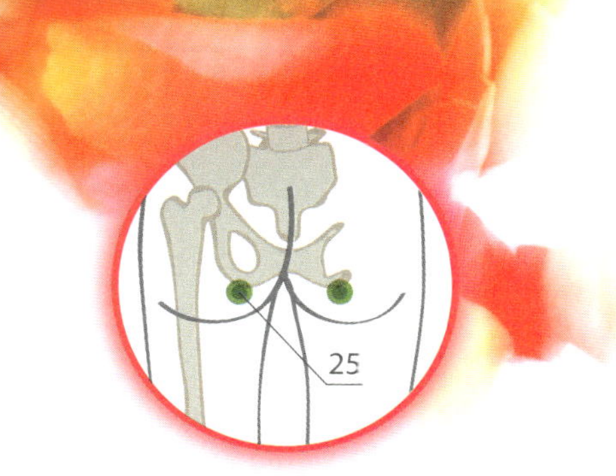


# Strömen von Energieschloss 25

Um Energieschloss 25 zu strömen, setzt Du Dich einfach auf Deine Hände – und regenerierst in aller Stille! (siehe Foto)

## Energieschloss 26

# Vollkommen; alles was war, ist und sein wird!

Energieschloss 26 – die doppelt erhöhte 8, die 2 (Weisheit) plus 6 (Unterscheidungsvermögen) – welch kraftvolle Schwingung!

Energieschloss 26 ist die Vereinigung sämtlicher Energieschlösser und Energien – hier kommt alles zusammen, von hier aus erreichen wir den gesamten Körper ... ähnlich wie bei der 22, aber noch feinstofflicher, noch höher schwingend ...

Energieschloss 26 liegt auf der Körperrückseite, auf dem hinteren Punkt der Achselhöhle auf dem kleinen Muskel, der sich beim Heben des Armes bewegt.

Um Energieschloss 26 zu strömen, geben wir uns selbst eine große Umarmung (siehe Foto Seite 233). Wir legen die Hände in die jeweils gegenüberliegende Armbeuge, und spüren tief in uns hinein ...

Wie gut das tut, sich selbst diese große, liebevolle Umarmung zu geben – selbst wenn die ganze Welt sich »gegen« einen zu richten scheint ...

Versuch es selbst: Beginne den Tag mit der großen Umarmung der 26 – des Vollkommen-*SEINS*, der Selbstliebe ...

… liebe jede einzelne Deiner Zellen, jedes einzelne der Organe, der Werkzeuge Deiner SEELE …

… kommuniziere mit ihnen, lass sie zu Dir sprechen, lass sie Dir ihre »Sorgen« berichten, erkenne sie an und entlasse sie sodann …

… entlasse Deine Sorgen mit jedem Ausatmen, dem Absteigen der Energie … (siehe Strömanleitung Seite 231).

Energieschloss 26 ist so universell, dass Du es wirklich für alles »anwenden« kannst und es wirklich bei jedem Problem strömen kannst.

Besonders empfehlenswert ist dieses kraftvolle Energieschloss für an **Krebs** erkrankte Menschen – und zwar nicht nur durch seine **lymphfördernde Wirkung** …

Das Strömen von Energieschloss 26 hilft Dir, Dich selbst anzunehmen, Dich selbst zu lieben – und das ist immer der erste Schritt zu Heilung und Besserung der Lebensumstände – ganz gleich in welchem Bereich!

Die 26 ist der erhöhte Aspekt der 8 sowie der 17 …

Erinnern wir uns an die entsprechenden großen Arkana-Karten: die VIII, die Löwenbändigerin mit der Bedeutung »Stärke« und die XVII, der Stern, mit der Bedeutung »Heilung, Erfüllung, Erfolg« …

Die Steigerung dieser beiden wundervollen Karten nun ist die 26, für die es jedoch keine direkte große Arkana-Entsprechung gibt …

Es liegt an Dir, die Bedeutung und Symbolik der 26 zum Leben zu erwecken, Dein Leben mit **Zauber**, mit **Magie** zu erfüllen und die Vibrationen aller Energieschlösser in Harmonie miteinander schwingen zu lassen!

Energieschloss 26 ist besonders empfehlenswert für Menschen, die den **Lebensmut** scheinbar verloren haben, für Menschen, deren Leben im **Chaos** zu versinken erscheint …

Ja, Du erinnerst Dich sicherlich, die Chaos-Harmonisierung hatten wir bereits besprochen bei Energieschloss 24 – nun kommt dieses Thema nochmals, sozusagen in nochmals verstärkter Form!

Energieschloss 26 und 24 können und sollten zusammen geströmt werden, wenn der Körper in **vollkommener Aufruhr** ist – zum Beispiel nach großem **Schock!** Die Kombination von Energieschloss 24 und 26, überkreuzt geströmt (siehe Strömanleitung rechts) ist eine wunderbare und effektive **Vorbereitung** auf darauf folgende Energieströme bzw. Energieschlosskombinationen!

Energieschloss 26 wirkt bei sämtlichen **Arm- und Handproblemen**, wie zum Beispiel bei eingeschlafenen **Fingern** und **Taubheitsgefühlen**, bei **Karpaltunnelsyndrom**, bei **Sehnenscheidenentzündungen** sowie bei **Tennisarm** sowie auch bei Problemen mit den **Schultern** …

Die Hand- bzw. Fingerentsprechung für Energieschloss 26 ist die **Handinnenfläche** – jener kraftvolle Griff, welcher auch der Kurzgriff ist für den **Lebensstrom**, das »kosmische Ei des Menschen«, den wichtigsten Energiestrom des Menschen!

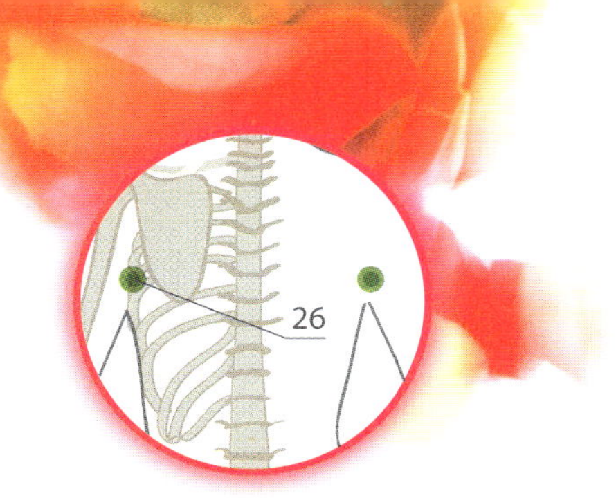


## Strömen von Energieschloss 26

**Umarme Dich selbst**, indem Du mit Deiner rechten Hand unter Deine linke Achselhöhle greifst und dabei den Daumen auf der Körpervorderseite aufrecht nach oben zeigen lässt, während die restlichen Finger auf Energieschloss 26 liegen. Deine linke Hand legst Du gleichzeitig entsprechend unter Deinen rechten Arm (siehe Foto Seite 233).

Während Du Dich auf diese Weise umarmst, praktiziere folgende **Atemübung**:

Atme 36 Atemzüge bewusst, indem Du jeweils beim Ausatmen zählst, also das erste bewusste Ausatmen ist die 1 usw.

Lächele dabei still in Deinen Körper hinein, in jede Zelle, jedes Organ, erfülle Deinen gesamten Körper mit Licht, SEI SELBST das ewige, vollkommene LICHT!

Strömen von Energieschloss 26 und Energieschloss 24, die große **Chaos-Harmonisierung**, die auch hilft, **Entscheidungen** zu treffen!

Um großes Chaos in Deinem Körper und Leben zu harmonisieren, ströme Dein linkes Energieschloss 26 mit Deiner rechten Hand (wie oben angegeben) und gleichzeitig das rechte Energieschloss 24 mit Deiner linken Hand ...

Für die andere Seite wechselst Du die Hände entsprechend!

Und – noch ein Tipp: Wenn Energieschloss 26 »schmerzhaft« sein sollte (was bei sehr angegriffenen Nerven der Fall sein kann), dann beruhige Dein Nervenkostüm erst mit dem Strömen von Energieschloss 17 am Handgelenk (siehe Kapitel »Energieschloss 17«) ...

# Dich und Dein Leben verstehen durch die Zahlen!

Mit den vorangegangenen Kapiteln hast Du mit mir die Reise durch Deine 26 Energieschlösser durchlaufen. Ich sage bewusst nicht »vollendet«, denn »vollenden« tun wir unsere Reise erst mit der eigenen Bewusst-werdung[37] – und dies kommt nicht alleine durchs Lesen, sondern durch die Anwendung des Gelesenen und das tägliche Bewusstwerden der Energieschwingungen, die uns umgeben bzw. die wir *SIND.*

So wie auch die Organströme unseres Körpers, so wollen auch die Energieschlösser genutzt und »zum Leben erweckt werden«, was auf gut Deutsch heißt: Sie möchten in die direkte Kommunikation mit Dir treten, denn nur so können sie – kannst Du Dir selbst(!) – helfen!

Mit unseren Energieschlössern kommunizieren wir zum Beispiel, indem wir körperliche und emotionale Symptome »aus der Sichtweise der Energieschlösser« betrachten. Das heißt konkret, wenn Du zum Beispiel Schulterschmerzen hast, dann ist das oftmals ein Hinweis darauf, dass »du Dir zu viele Pflichten oder sonstige Dinge aufgeladen« hast. Es ist die 11 (Entladen alten Ballasts), die dann zu Dir spricht und Deine Aufmerksamkeit verlangt. Durch das Strömen von Energieschloss 11 löst Du dann nicht nur die körperlichen Beschwer-

[37] *Die vollkommene Bewusst-werdung bzw. das vollkommene Bewusst-Sein entspricht dem endgültigen Ziel menschlicher Inkarnationen.*

den (die Schulterschmerzen), sondern erhältst durch Dein Unterbewusstsein auch den Impuls, Dinge los-zulassen.

Ein anderes Beispiel ist Energieschloss 13 – liebe Deine Feinde ...

Lieb-losigkeit in Deinem Leben zeigt sich auf körperlicher Ebene meist entweder durch Probleme mit den Nieren (die 13 hat einen starken Bezug zu den Nieren, siehe das Kapitel über Energieschloss 13) oder aber durch Probleme in der Brustgegend (wo sich Energieschloss 13 befindet), wie zum Beispiel Herzprobleme oder Lungenbeschwerden, wie zum Beispiel Husten ...

Die körperlichen Probleme sprechen dann sozusagen durch Energieschloss 13 (oder durch das Organ »Nieren«) zu Dir und geben Dir damit die Möglichkeit, nicht nur das körperliche Problem, sondern vor allem auch die Ursache, die zum Problem führte, zu harmonisieren!

Doch es ist nicht »nur« Dein Körper und Deine Emotionen bzw. bestimmte körperliche Probleme, die zu Dir sprechen! Die Zahlen – diese geheimnisvollen Wesen – begleiten Dich überall und fordern Deine Beachtung!

Ich selbst zum Beispiel liebe es im täglichen Leben, auf Reisen (z. B. Flugnummern), in Hotels, ja, überall, wo mir Zahlen begegnen, deren Botschaften auf mich wirken zu lassen bzw. sie zu mir sprechen zu lassen ...

Kürzlich erst hatte ich wieder ein interessantes »Zahlen-Erlebnis« während einer Reise. Ich logierte in einem Hotel und hatte eine Zimmer-Nummer 5 ...

Die 5 – wie uns deren Bedeutung zeigt – ist **Transformation** ...

Und Transformation bzw. »Veränderung«, wie wir ebenfalls aus Erfahrung wissen, ist oftmals erst einmal »aufreibend« bzw. mit Unannehmlichkeiten verbunden ...

So war es prompt in Zimmer Nr. 5. Eine Sache, die bereits seit einiger Zeit »schwelte« kam zum Vorschein, brach auf ... und wollte gelöst werden ...

Am nächsten Tag zog ich weiter, ins nächste Hotel, wo ich eine Zimmer-Nr. 7 bezog (das ist natürlich immer sogenannter »Zufall«, denn ich hatte keinen Einfluss auf die Zimmernummern).

Als ich die Zimmernummer sah, wusste ich, die Sache wird sich zu meiner Befriedenheit bzw. zu meinen Gunsten »lösen«, und genau so war es dann auch einen Tag später: Die 7 (Sieg!) zeigte ihre Wirkung ...

Interessant ist immer auch der Bezug der eigenen Lebenszahlen zu den Energieschlössern und den Großen Arkana:

Eine Person, die zum Beispiel am 04.01.1976 geboren ist, hat als **Tageszahl** die **4** und als **Lebenszahl** die Summe all dieser Geburtszahlen, also 4+1+1+9+7+6=28=10=**1**.

Diese Person hat in ihrem Leben einen besonderen Bezug zu Energieschloss **4** und der symbolischen Bedeutung des **Herrschers** (Große Arkana IV) sowie zu Energieschloss **1** und der Großen Arkana I, dem **Magier**.

Die Tages- und Lebenszahlen sind Wegweiser und Aufgaben für uns, sozusagen unsere persönlichen Schlüsselzahlen, denen wir besondere Aufmerksamkeit schenken sollten.

Wichtig sind außerdem immer auch die drauf folgenden Zahlen, also bei der Tageszahl 4 ist das die **5** und bei der Lebenszahl 1 die **2**. Warum? Weil die Tages- und die Lebenszahl zu diesen Zahlen »hinstrebt« und die Öffnung dieser Folge-Zahlen immer auch den vorhergehenden Zahlen hilft!

Dasselbe gilt für Geburtstage im aktuellen Jahr: In dem Fall zählen wir die Zahlen mit der entsprechenden Jahreszahl zusammen, also für das obige Beispiel (Geburtstag am 04.01) im Jahr 2017 wäre dies folgende Rechnung: 4+1+2+1+7=15=**6**.

Das Jahr 2017 wäre also für eine Person mit Geburtstag am 04.01. ein 6er-Jahr, in dem die numerologischen Aspekte der 6 bzw. der großen Arkana-Karte »die Liebenden« eine besondere Rolle spielt.

Um die Geburtsjahresschwingung zu unterstützen empfiehlt es sich, diesem Energieschloss während des entsprechenden Jahres besondere Aufmerksamkeit zu schenken, denn mit großer Wahrscheinlichkeit wird der/die Betreffende in jenem Jahr mit Begebenheiten konfrontiert werden, in denen es um die Themen dieser Zahl gehen wird. Das heißt, ein 6er-Jahr wird dann entsprechend der Schwingung der 6 verlaufen, es wird Dinge zu unter- bzw. zu ent-scheiden geben oder/und es wird eine neue Liebe ins Leben treten ... (Bedeutung der großen Arkana-Karte VI, siehe Kapitel über Energieschloss 6).

Ein anderer entscheidend wichtiger Aspekt für das tägliche Leben und die bewusste Nutzung von Schwingungen sind dann natürlich die jeweiligen Mond-Aufenthalte und deren Bezug zu den entsprechenden Organen, wie ich es in meinem Buch »Der Mond und der kosmische Code der Schöpfung« sowie in meinem Mondkalender »Der besondere Mondkalender. Gesundheit in deiner Hand« beschrieben habe ...

Wenn wir beginnen, unser Leben durch diese Aspekte (Ansichten!) zu *sehen* und zu *verstehen,* dann erlauben wir der Energie durch uns zu *schwingen* bzw. dann werden wir selbst zum Dirigenten der Lebens-Schwingungen, dann spielen WIR mit den Zahlen des Lebens anstatt sie mit uns spielen zu lassen!

# Die Energieschlösser in Deiner Hand!

Nun, da Du die 26 Energieschlösser Deines Körpers mit ihrer Lage, Bedeutung und den Strömvorschlägen kennengelernt hast, möchte ich Dir noch eine weitere Möglichkeit vorstellen, Deine Energieschlösser – und damit Dich SELBST! – zu erreichen bzw. sie zu öffnen.

Wie die Leser und Anwender meiner Mond-Literatur[38] wissen, können wir über die Hand und die Finger jede Tiefe (Schwingungsebene) und jedes Organ des Körpers harmonisieren und aktivieren.

Dasselbe gilt für die Energieschlösser. Durch das Umfassen bzw. Strömen der einzelnen Finger erreichst und öffnest Du bestimmte Energieschlösser (siehe Hand-Grafik Seite 240). Das bedeutet, dass Du als Alternative zu den Strömvorschlägen für die einzelnen Energieschlösser zwischendurch auch einfach Deine Finger gezielt nach den entsprechenden Energieschlössern strömen kannst. Sieh dazu einfach auf der Grafik nach, auf welchem Finger das Energieschloss, welches Du öffnen willst, angegeben ist und umfasse bzw. ströme dann diesen Finger.

---

[38] *»Der Mond und der kosmische Code der Schöpfung«, verlegt von der Autorin sowie »Gesundheit in deiner Hand« (Verlag »Die Silberschnur«).*

Ich sage »zwischendurch«, weil der direkte Weg über das Berühren der Energieschlösser zum *Erfassen* bzw. zur Bewusst-werdung der Bedeutung und Wirkungen der einzelnen Energieschlösser und Zahlen sicherlich »direkter« ist bzw. bewusster erfahren werden kann.

Der Vorteil des Fingerströmens jedoch ist natürlich der, dass Du durch das Strömen eines einzigen Fingers gleichzeitig mehrere Energieschlösser und eine Vielzahl an Körperfunktionen erreichst. Tatsächlich harmonisierst Du durch das Umfassen bzw. Strömen eines einzigen Fingers 14.400 Körperfunktionen!

Grund genug also, Dir die Entsprechungen der Finger zu den einzelnen Energieschlössern bewusst zu machen und die Finger mit in Dein tägliches Gesund-Strömprogramm mit einzubauen.

Um die Finger zu strömen, umfasst Du sie einfach einzeln sanft mit den Fingern der anderen Hand (siehe Foto Seite 240).

Für die Handinnenfläche berührst Du diese einfach sanft mit den Fingern der anderen Hand (siehe Foto Seite 241).

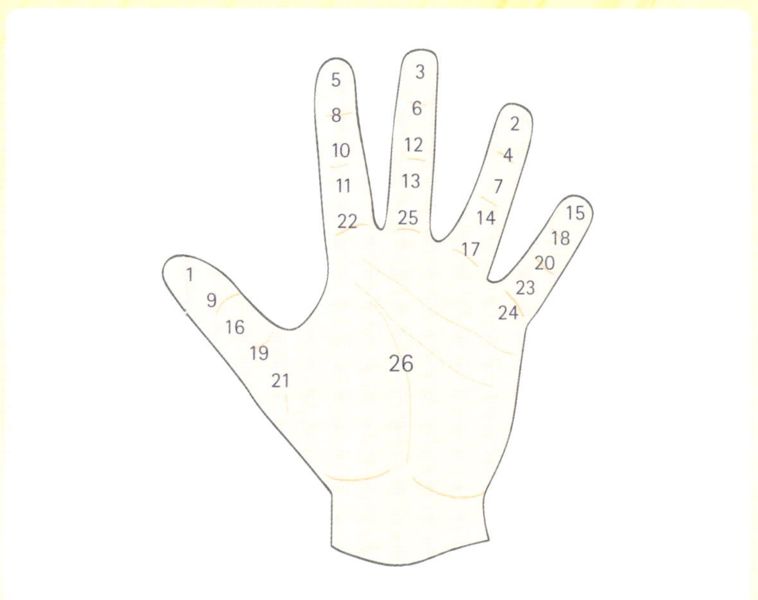
5
8
10
11
22
3
6
12
13
25
2
4
7
14
17
15
18
20
23
24
1
9
16
19
21
26

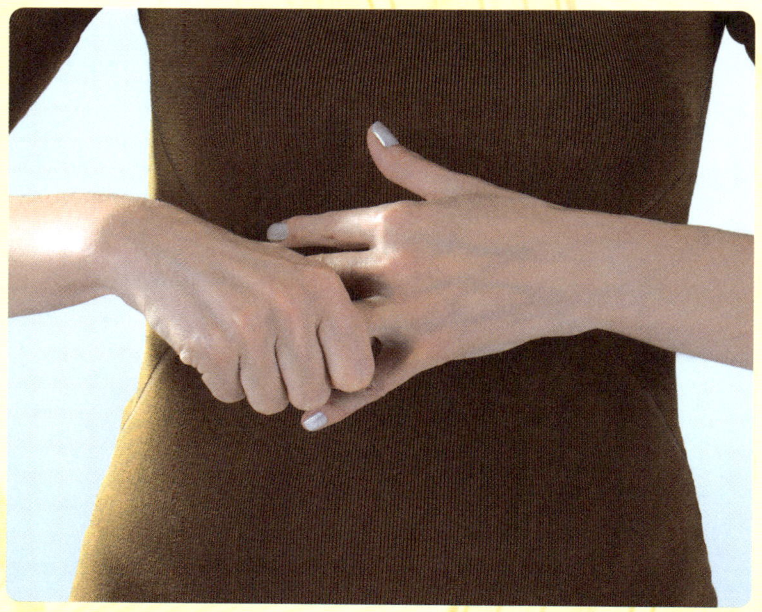

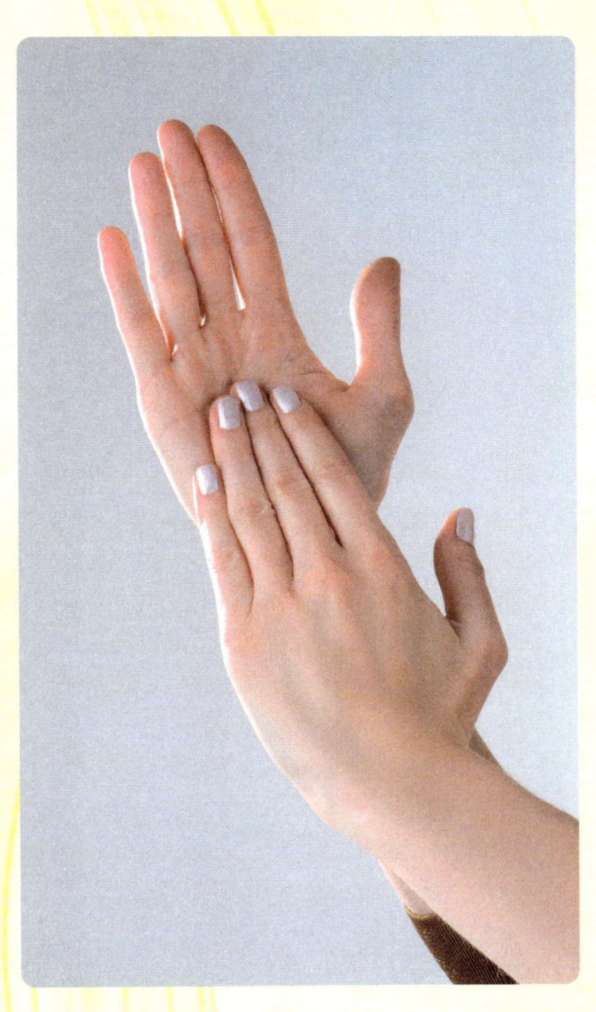

# Gesund werden durch das tägliche Strömprogramm

Ein Fluss möchte strömen – und so wie der Fluss strömen möchte, so möchte – so *muss* (!) – auch Deine Energie strömen, damit Du Dich wohl fühlst und gesund bleibst bzw. heilen kannst.

Wie und wie oft also solltest Du Dich »strömen«?

Strömen solltest Du Dich täglich, es sollte für Dich so normal sein bzw. werden wie die tägliche Körperhygiene und die tägliche Nahrungsaufnahme, wobei ich an dieser Stelle auch darauf hinweisen möchte, dass eine gesunde Lebensweise ohne Rauchen und Alkohol, dafür mit frischer, biologischer und möglichst naturbelassener Nahrung, Bewegung an der frischen Luft, genügend Schlaf und liebevollen Gedanken und Taten immer mit dazugehört bzw. den Heilprozess unterstützt!

Was das »wie« bzw. das »was« soll ich täglich strömen betrifft, so möchte ich hier meine eigene Erfahrung berichten:

Ich persönlich ströme seit über 12 Jahren und kam – wie viele – durch gesundheitliche Beschwerden zum Strömen. Als ich mit dem Strömen begann, strömte ich zunächst – wie es die meisten tun – nach Symptomen, das heißt, ich strömte wohl täglich den Lebensstrom, doch zusätzlich zum Lebensstrom machte ich das Strömen von körperlichen oder emotionalen Symptomen abhängig und überlegte mir, was (welches Energieschloss oder welchen Organstrom) ich am besten strömen sollte. Diese Methode des Strömens entspricht auch generell der Methode der meisten Therapeuten, die ihre Kunden nach Symptomen strömen bzw. durch das Pulse-Fühlen zu ermitteln suchen, welcher Energiestrom zu dem Zeitpunkt am passendsten ist.

Nach meiner Erfahrung hilft diese Methode des »nach-Symptomen-Strömens« zwar so gut wie immer, um Beschwerden zu lindern und kräftiger und ausgeglichener zu werden – doch die wirklich dauerhafte, große Transformation des Körpers und des Lebens zu Gesundheit und Harmonie habe ich selbst erst durch den Einklang mit dem Kosmos bzw. durch das tägliche Einstimmen auf die vom Mond vorgegebenen Schwingungen wie beschrieben in »Der Mond und der kosmische Code der Schöpfung« und dem Mondkalender »Der besondere Mondkalender. Gesundheit in deiner Hand« erreicht.

Das Paradoxe dabei war, dass erst der EINKLANG mit dem Mond mir ermöglichte, die Energieschlösser in ihrer wahren Größe und Bedeutung zu erkennen und – wie in diesem Buch beschrieben – zu entschlüsseln!

Und, nicht nur das: Durch die Harmonie meines Körpers (durch das tägliche Mondströmen®) ist mein ohnehin schon sehr sensibler Körper auch noch um ein Vielfaches feinfühliger auf das Strömen der einzelnen Energieschlösser geworden.

Ich nutze die Energieschlösser einzeln gerne und häufig und immer mit durchschlagendem Erfolg, aber die Basis bildet für mich immer das tägliche Mondströmen®, der Lebensstrom plus Mondstrom und Oppositionsstrom bzw. der tägliche Energetisierungsfinger (Der besondere Mondkalender. Gesundheit in deiner Hand).

Das Mondströmen® ist sozusagen die energetische Basis, auf der ich aufbaue. Wenn mein Körper danach verlangt, oder mir das tägliche Leben durch bestimmte Zahlen die Zeichen gibt, die entsprechenden Energieschlösser zu strömen, nehme ich diese zu meinem Mondström®-Programm hinzu und habe damit immer durchschlagenden Heil-Erfolg.

Ein kontinuierlich geströmter Körper im Einklang reagiert sehr schnell auf jegliche Impulse durch gezieltes Energieschloss-Strömen.

Was ich zum Beispiel über eine längere Zeit zu meinem täglichen Mondström®-Programm hinzunahm, war Energieschloss 1 an der Innenseite der Knie. Dies war zu einem Zeitpunkt, als ich spürte, dass es »nicht richtig vorwärts« ging und ich mir tatsächlich auch immer wieder das Knie anstieß. Ich nahm die Aufforderung meines Körpers bzw. meiner Seele an und strömte mir über einen längeren Zeitraum täglich Energieschloss 1 und ermöglichte bzw. erleichterte mir so selbst das Vorwärtsgehen ...

So achte ich mittlerweile immer auf die Zahlen und deren Botschaften in meinem Leben und setze dieses Wissen durch entsprechendes Strömen um – und es ist mein Ziel mit diesem Buch, Dir diese Sensibilität zu übermitteln!

Mögen Dir die Energieschlösser und Zahlen bzw. deren große Arkana-Entsprechungen zu Deinen täglichen Freunden und Helfern werden und Dich erkennen lassen, dass Du selbst Dein bester Heiler und Erfüller Deines Potentials bist!

In Liebe für das Leben, die Zahlen und die Schwingungen,
Irene Lauretti

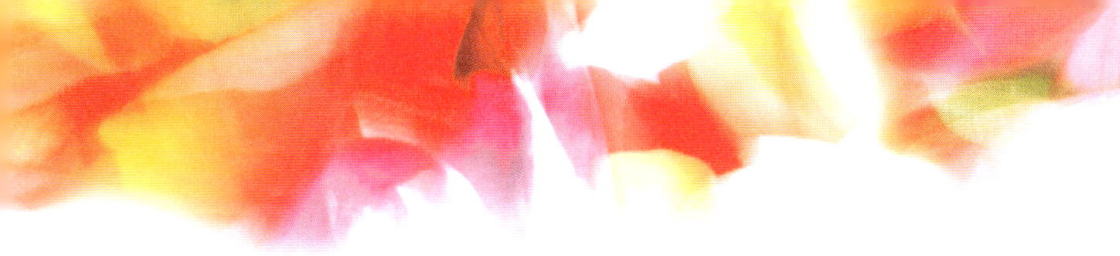

# Glossar

# Über die Autorin

**Irene Lauretti**, Heilerin mit Schwerpunkt Energieheilkunst, ist die Autorin der Bestseller »Der Mond und der kosmische Code der Schöpfung«, »Der besondere Mondkalender. Gesundheit in deiner Hand« und »Mit der Kraft deiner Hände«.

Bereits als Kind zeigte Irene ein außergewöhnliches Interesse an den Gesetzen von Gesundheit und Krankheit, von Harmonie und Disharmonie. Nachdem sie ursprünglich Musik studiert hatte, wandte sie sich dem Studium alternativer Heilkünste wie Jin Shin Jyutsu® und dem hawaiianischen Kahuna-Healing zu, wobei ihr das Wissen um die musikalischen Gesetze von Schwingung und Harmonie entscheidend bei ihrer Suche nach dem Schlüssel zu vollkommener Gesundheit half.

Schwerpunkt von Irenes Tätigkeit ist es, das jahrtausendealte Heilwissen vergangener Kulturen in leicht verständlicher Form dem modernen Menschen zu übermitteln.

Als Therapeutin arbeitet sie auch mit Tarotkarten, wobei sie hier besonders auf den heilenden und harmonisierenden Aspekt der Karten eingeht und diese für ihre Kunden als Wegweiser und Schlüssel interpretiert. Für ihre Kunden verbindet sie das Tarotlegen mit Energieheiltechniken, sodass mit dieser einzigartigen Methode jeder zu Glück, Liebe und Erfüllung gelangt.

Neben ihrer Tätigkeit als Autorin gibt Irene ihr Wissen in TV-Shows, Kursen und individuellen Beratungen weiter.

# Weiterführende Infos und Angebote der Autorin

Die Internetseite der Autorin ist: **www.irenelauretti.com**

**LunaJin® Mond&Gesundheit, dieApp zum MONDströmen®**
Irene führt Dich durch das Jahr mit dem Tages-MONDstand, den TagesEnergetisierungsströmen, Lebensstrom und vielen weiteren Heilimpulsen für jeden Tag im Jahr

Irene führt die Facebook-Gruppe **»MONDströmen®, der Schöpfungscode und SEELENzahlen® mit IRENE LAURETTI«**.

Der Youtube-Kanal der Autorin ist **»Irene Lauretti – Empowering People«**. Folge Irene dort für aktuelle Beiträge zum Schöpfungscode und Mondströmen®, zu den Energieschlössern, Seelenzahlen® und generell LICHTvollen Impulsen zum Leben!

Du findest Irene auch auf **Instagram**.

*Scanne den jeweiligen QR-Code mit deinem Smartphone und gelange so direkt zur Webseite, App oder Facebook-Gruppe.*

128 Seiten, 4-farbig, wattiert, gebunden
ISBN 978-3-89845-499-5
€ [D] 12,95

Irene Lauretti

## Mit der Kraft deiner Hände

*Energieheilgriffe für schnelles Wohlbefinden*

Egal, wo Sie gerade sind oder wie viel Zeit Sie haben – Sie jederzeit schnell und effektiv Ihre Gesundheit stärken, Beschwerden lindern und Ihre Energiereserven auffüllen. Irene Lauretti zeigt Ihnen, wie Sie Ihre Selbstheilungskräfte mobilisieren. Alles, was Sie dafür benötigen, sind Ihre Hände. Durch sanftes Halten der Finger und Berühren bestimmter Energiepunkte am Körper erreichen Sie jeden Bereich Ihres Seins. Die Heilgriffe geben Ihnen in jedem Augenblick genau das, was Ihr Körper und Ihre Seele gerade benötigen! Erreichen Sie ab sofort einfach und schnell mehr Wohlbefinden, Gesundheit und Vitalität!

168 Seiten, 4-farbig, Flexocover
€ [D] 12,00

Irene Lauretti

## Der besondere Mondkalender

Jedes Jahr NEU!

*Gesundheit in deiner Hand*

Nutzen Sie die Mondkraft für Ihre Gesundheit und Vitalität! Irene Lauretti zeigt, wie Sie durch einfaches Halten bestimmter Finger heilsamen Einfluss auf die Organe und die Gefühlsebene nehmen können. So können Sie die vom Mond aktivierten Schwingungen bewusst für Gesundheit, Wohlbefinden, Erfolg und eine starke Ausstrahlung nutzen! Ihre Gesundheit liegt in Ihrer Hand!

Den aktuellen Mondkalender finden Sie unter www.silberschnur.de und in Ihrer Buchhandlung

78 farbige Karten, 10 x 16 cm, mit Begleitbuch, 224 Seiten, gebunden, in Box
ISBN 978-3-89845-364-6
€ [D] 29,90

Isha & Mark Lerner

## Tarot für das innere Kind

*Eine Reise in die Welt der Märchen*

Ein märchenhaftes Tarot, das das Kind in uns wiedererweckt: Es hilft uns auf sanfte Weise, mit den kraftvollen Archetypen der inneren Welt in einen Dialog zu treten.Mit den Motiven bekannter Märchen öffnen diese Karten Herz und Verstand und lassen uns Neues über unser Selbst entdecken. Die farbenfrohen Bilder werden gemeinsam mit den Märchen zu einem faszinierenden Führer für die Reise nach innen und bilden eine Brücke zwischen dem Bilderreich der Kindheit und den Möglichkeiten der Welt der Erwachsenen.
Ein Abenteuer voller Zauber und Phantasie!

224 Seiten, durchg.farbig, broschiert
ISBN 978-3-89845-406-3
€ [D] 19,95

Seena B. Frost

## SoulCollage® – Kreativbilder deiner Seele

***Das neuartige Arbeitsbuch zur Selbstfindung***

SoulCollage® ist die neue, sehr kreative Art, sich selbst besser kennenzulernen. Alles, was Sie dafür brauchen, ist eine Schere, Fotos oder ein paar Magazine und Klebstoff. Seena B. Frost hat mit SoulCollage® eine ungewöhnlich individuelle Methode entwickelt, um Bilder Ihrer Seelenlandschaften zu schaffen. Die kreierten Seelencollagen spiegeln unseren ganz persönlichen Archetypus wider und geben uns die Möglichkeit, unserer eigenen, intuitiven Weisheit zu lauschen, die durch die Bilder der Karten auftaucht. Und so entdecken wir unsere Seele mit ihren Schatten sowie ihren angeborenen Fähigkeiten und können unsere Ziele im Leben erfolgreich verfolgen.

Brigitte Nolting

## Wellness- und Aromaöle für jeden Tag

***39 Karten für die Anwendung ätherischer Öle***

Ob Verspannungen, Hautprobleme oder Stress, ätherische Öle können viele Beschwerden lindern, entspannen, fördern die Gesundheit und streicheln die Seele.
Dieses Kartenset bietet Ihnen einen grundlegenden und einfachen Einstieg in die Welt der ätherischen Öle. Praktische Anwendungsbeispiele der Öle für Körper und Seele, als Raumduft oder in der Aromaküche machen Lust, die wirkungsvolle »Duftmedizin« selbst zu testen.

39 farbige Karten, mit Kurzanleitung, in Box
EAN 4260075280-32-5 · € [D] 25,00

Weiterführende Informationen zu Büchern, Autoren und den Aktivitäten des Silberschnur Verlages erhalten Sie unter:
www.silberschnur.de

Natürlich können Sie uns auch gerne den Antwort-Coupon aus dem beiliegenden Lesezeichenflyer zusenden.

Ihr Interesse wird belohnt!

## Lage und Bedeutung der 26 Energieschlösser meines Körpers gemäß der japanischen Heilkunst Jin Shin Jyutsu®

| ES | Lage | Bedeutung |
|---|---|---|
| 1 | Innenseite des Knies | Urbeweger |
| 1a | Eine Handbreit über ES 1 | Nebenpunkt von ES 1 |
| 2 | Oberer Rand des Hüftknochens | Weisheit, Lebenskraft |
| 3 | Oberer, innerer Rand des Schulterblattes in Richtung Wirbelsäule | Tür |
| 4 | Schädelbasis, jeweils links und rechts neben 1. Halswirbel | Fenster zum Bewusstsein |
| 5 | Unterhalb des inneren Fußknöchels in der Mulde | Transformation |
| 6 | Innenseite des Fußes, am höchsten Punkt der Fußwölbung | Unterscheidungs-fähigkeit |
| 7 | Spitze des großen Zehs | Sieg |
| 8 | Außenseite der Kniekehle | Rhythmus, Kraft; wie oben, so unten |
| 8a | Etwa eine Handbreit unter ES 8 | Nebenpunkt von ES 8 |
| 9 | Ende des Schulterblattes, zur Wirbelsäule hin | Das Ende des Alten ist der Beginn des Neuen |
| 10 | Mittlerer, innerer Rand des Schulterblattes | Vollkommene Lebenskraft |
| 11 | Hals-Schulter-Winkel, jeweils links und rechts neben 1. Brustwirbel | Entladen alten Ballasts |
| 12 | Mitte des Nackens, links und rechts neben 4. Brustwirbel | Nicht mein Wille (Ego), sondern Dein Wille (höheres Selbst) |
| 13 | Vorne am Brustkorb, ungefähr auf Höhe der dritten Rippe | Liebe Deine Feinde |

| ES | Lage | Bedeutung |
|---|---|---|
| 14 | An der Vorderseite des Körpers, unterhalb des letzten Rippenbogens | Gleichgewicht |
| 15 | Mitte der Leistenbeuge | Freude |
| 16 | Außenseite des Fußes, in der Mulde zwischen Außenknöchel und Fersenrand | Aufbrechen bestehender Formen zugunsten neuer |
| 17 | Unterhalb des kleinen Fingers am Handgelenk | Entspannung der Nerven |
| 18 | Mitte des Daumenballens | Körperbewusstsein |
| 19 | Daumenseite der Ellbogenbeuge | Autorität |
| 19a | Auf dem Oberarm, ca. eine Handbreit oberhalb ES 19 | Nebenpunkt von ES 19 |
| 20 | Über der Augenbraue, in der leichten Vertiefung | Ewigkeit |
| 21 | Unterer Rand des Wangenknochens | Entkommen aus geistiger Gefangenschaft |
| 22 | Unterhalb des Schlüsselbeins in der Mulde | Vollständig |
| 23 | Am Rücken, unterhalb des letzten Rippenbogens | Leben ist Fluss |
| 24 | Fußaußenseite, auf der Linie des kleinen Zehs, gegenüber von ES 6 | Chaos harmonisieren |
| 25 | Unterhalb des Sitzbeinknochens | Stilles Erneuern |
| 26 | Körperrückseite, auf dem hintersten Punkt der Achselhöhle auf dem kleinen Muskel, der sich beim Heben des Armes bewegt. | Vollkommen; alles was war, ist und sein wird |

## Die 26 Energieschlösser meines Körpers

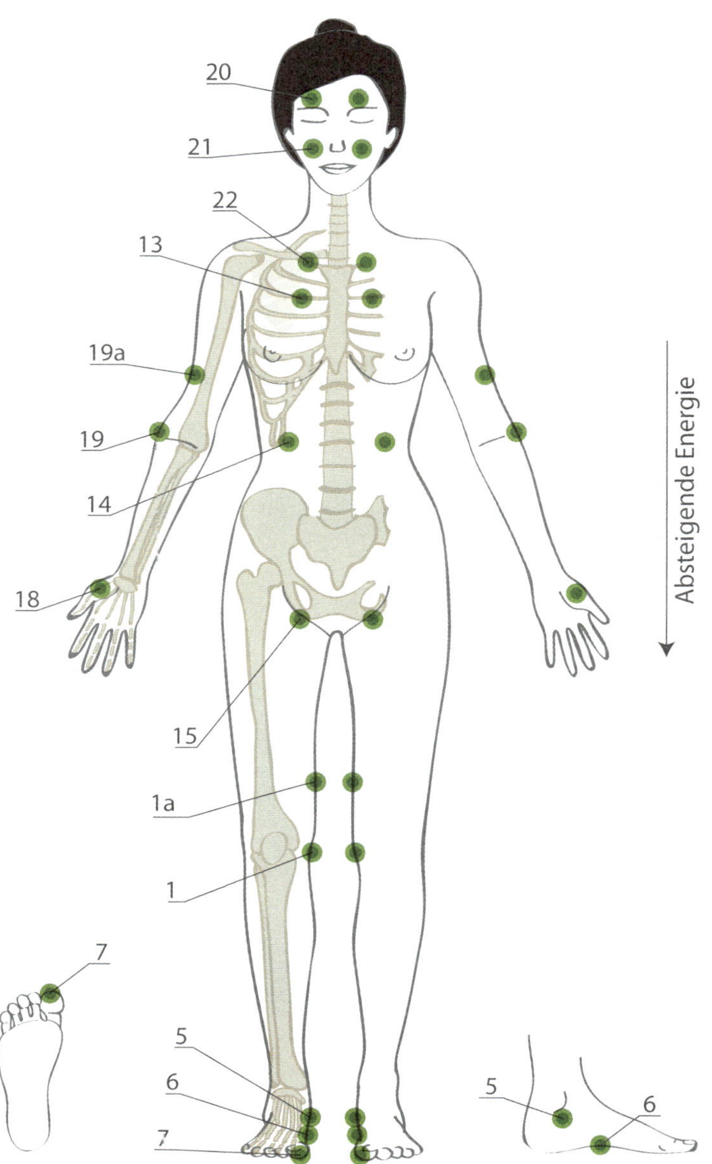


*Hinweis: Energieschloss 7 befindet sich am Wendepunkt von auf- und absteigender Energie. Energieschloss 7 hilft der Energie abzufließen, gilt jedoch streng genommen bereits als aufsteigendes Energieschloss.*

## Die 26 Energieschlösser meines Körpers

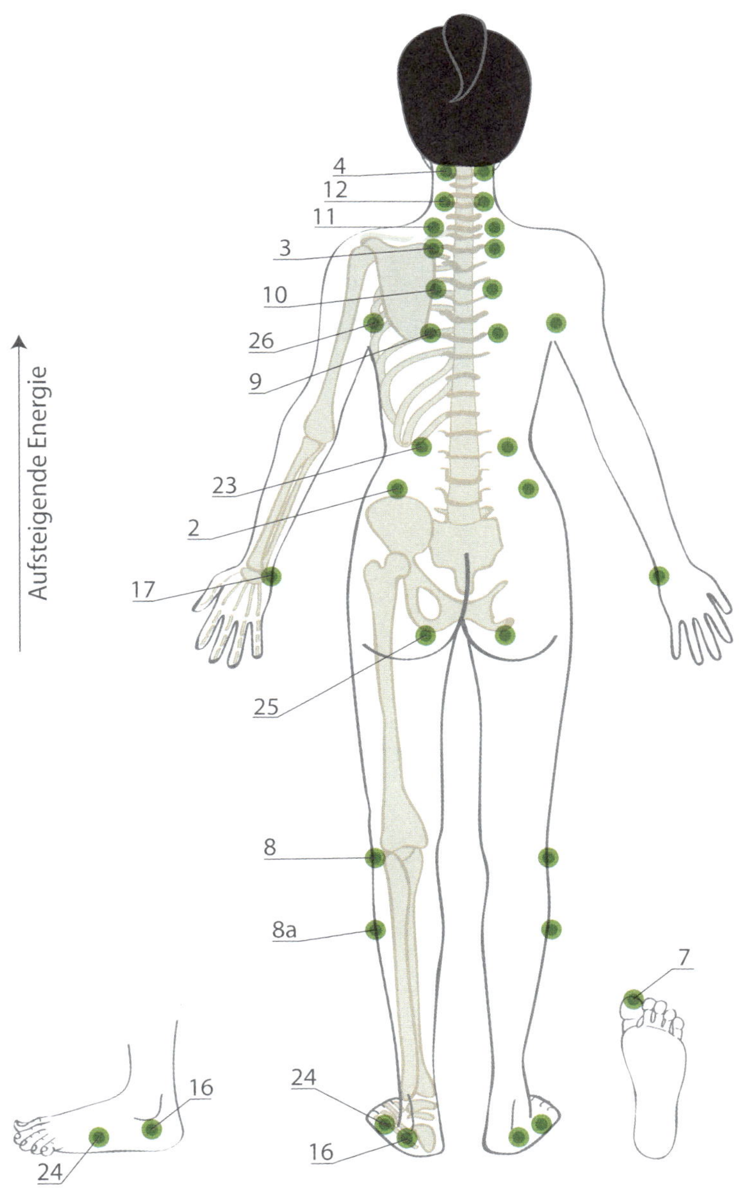